AF602654

THÉATRE DES DÉLASSEMENTS-COMIQUES.

VOILA LE PLAISIR, MESDAMES!

REVUE EN QUATRE ACTES ET SEIZE TABLEAUX

Par MM. GUÉNÉE et DELACOUR

MUSIQUE COMPOSÉE ET ARRANGÉE PAR M. KRIESEL, DÉCORS DE MM. CAMBON, THIERRY, J. DEVILLIERS, CH. LALOUE, ALBERT J.; PANORAMA DE PARIS A LONDRES, PAR M. DUBREUIL; COSTUMES DESSINÉS PAR M. H. BALLUE, EXÉCUTÉS PAR M. CONSTANT; DANSES RÉGLÉES PAR M. P. SOUTON

Précédée de

LA NAISSANCE DE 1852

Prologue en un acte

SUIVIE DE

LE COUP DE PIED RÉTROSPECTIF

Opéra-parodie en un acte, paroles un peu de M. SCRIBE, musique de MM. *Rossini*, *Meyerbeer*, *Donizetti*, *Halevy*, dérangée par M. *Kriesel*. — Costumes entièrement vieux.

Représentée, pour la première fois, à Paris, sur le théâtre des DÉLASSEMENTS-COMIQUES, le 24 décembre 1851.

PRIX : 60 CENTIMES.

Paris

BECK, LIBRAIRE

RUE DES GRANDS-AUGUSTINS, 20

TRESSE, successeur de J.-N. BARBA, Palais-National.

1852

VOILA LE PLAISIR MESDAMES!

REVUE EN QUATRE ACTES ET SEIZE TABLEAUX

Par MM. GUÉNÉE et DELACOUR

MUSIQUE COMPOSÉE ET ARRANGÉE PAR M. KRIESEL, DÉCORS DE MM. CAMBON, THIERRY, J. DEVILLIERS, CH. LALOUE, ALBERT J.; PANORAMA DE PARIS A LONDRES PAR M. DUBREUIL; COSTUMES DESSINÉS PAR M. H. BALLUE, ET EXÉCUTÉS PAR M. CONSTANT; DANSES RÉGLÉES PAR M. P. SOUTON,

Précédée de

LA NAISSANCE DE 1852

Prologue en un acte,

Suivie de

LE COUP DE PIED RÉTROSPECTIF

Opéra-parodie en un acte, paroles un peu de M. SCRIBE, musique de MM. *Rossini, Meyerbeer, Donizetti, Halevy*, dérangée par M. *Kriesel*. — Costumes entièrement vieux.

Représentée, pour la première fois, à Paris, sur le théâtre des DÉLASSEMENTS-COMIQUES, le 24 Décembre 1851.

PERSONNAGES.	ACTEURS.
LE TEMPS	MM. E. VILTARD.
CHARLOT	MICKEL.
MILORD — LE GÉNIE DU COMMERCE	JOSSE.
UN TITI — LORENTZ	GERPRÉ.
D. PÈDRE	MARKAIS.
BORÉE	BOITUZET.
UN VENT ENROUÉ	FRANK.
LE LOUVRE — UN MONSIEUR — UN COLLEUR	BLONDELET.
L'HUILE	DONATIEN.
LOULOU — D. ROCHINO	ROCH.
LE MENUET	LUCIEN.
1er BÉDOUIN — 1er DOUANIER — UN LION	MARCHAL.
UNE OUVREUSE	ALFRED.
UN MARCHAND D'ALLUMETTES	FRÉDÉRICK.
2e BÉDOUIN	FLEURY.
UN FACTEUR	VICTOR.
UN COCHER — LE VENT POUSSIF	GUILLAUME.
LE VENT COULIS	DIGARD.
2e LION	LEROY.
1er VAUTOUR	DIGARD.
2e VAUTOUR	VICTOR.
1852	Mmes CÉCILE.
LE BON SENS	VALÉRIE.
LA HALLE — LA DANSEUSE ESPAGNOLE — ZULMA	Mmes ALPHONSINE.
LA REINE DES PLAISIRS — LE SOLEIL	MATHILDE.
LA SEMAINE DE PLAISIR — LE CARNAVAL EN ÉTÉ	ADÈLE.
LE CHAMP-DE-MARS	VILLOT.
L'INDOLENCE — LE GAZ	THIVET.
L'IVRESSE	AMÉLIE P.
LA LUMIÈRE ÉLECTRIQUE — LA FOLIE-ASNIÈRES	MÉRY.
LA FOLIE-MAYER	FÉLICIE.
MILADY — LA GAVOTTE	ROSALIE.
LE QUADRILLE	CŒLINA.
L'OUIE	CLÉMENTINE.
L'ODORAT	HONORINE.
LE TOUCHER	ÉLISA.
LE GOUT	CÉLINE.
LA VUE	ROSALIE.
UNE MARCHANDE	HONORINE.
1re LIONNE	HONORINE.
2e LIONNE	ROSINE.
3e LIONNE	MÉLINA.

PROLOGUE

La naissance de 1852

Le théâtre représente un magnifique jardin; à gauche, un berceau de verdure.

SCÈNE PREMIÈRE.

LA VOLUPTÉ, L'INDOLENCE, L'IVRESSE, LE SOMMEIL, *puis* LA REINE DES PLAISIRS, PLAISIRS.

(Au lever du rideau, tous les personnages diversement groupés, semblent examiner avec la plus profonde anxiété ce qui se passe au premier plan à gauche.)

CHŒUR.

Air de *Giselle.*

Mes sœurs,
Faisons silence;
Notre reine s'avance,
Et va, par sa présence,
Rassurer tous les cœurs.

LA REINE, *entrant.*

Votre reine se désespère,
Car, malgré nos soins, notre amour,
L'an va terminer sa carrière,
Avant son dernier jour.

CHŒUR.

O ciel!
Quel sort contraire!
Que pouvons-nous y faire?
Et comment le soustraire
A ce trépas cruel.

LA VOLUPTÉ. Il serait possible!.. l'année 1851 serait si bas!

LA REINE. Hélas! oui... ma chère Volupté... oui, ma bonne Indolence... Je quitte son chevet, et c'est à peine si elle m'a reconnue, moi, la Reine des Plaisirs...

L'INDOLENCE. Nous ne sommes pourtant qu'au 31 décembre...

LA VOLUPTÉ. Elle a encore plusieurs heures à vivre.

L'IVRESSE. Ce n'est qu'à minuit que la nouvelle année...

LA REINE. A minuit!.. Je doute qu'elle aille jusque-là... jamais je n'ai vu une année aussi usée...

LA VOLUPTÉ. Elle s'est tant divertie.

L'IVRESSE. Ses douze mois se sont passés dans cette île...

LE SOMMEIL. C'est vrai!

LA REINE. Toi, l'Ivresse, tu lui as prodigué tes illusions les plus gaies... Toi, le Sommeil, les rêves les plus doux... quant à la Volupté...

LA VOLUPTÉ. Oh! moi rien ne m'a coûté pour la distraire.

LA REINE. J'en puis dire autant de l'Indolence. C'était chaque jour une invention nouvelle...

L'INDOLENCE. Train de plaisir!..

LA REINE. Du plaisir... toujours du plaisir!... ce qui fait qu'en ce moment elle n'est plus sensible à rien... Ah! décidément, elle s'en est trop donné!..

LA VOLUPTÉ. Je le crois aussi...

L'INDOLENCE. Mais j'y songe... si elle allait s'éteindre avant que 1852 fût née...

L'IVRESSE. Qu'arriverait-il?

LA REINE. Ce serait la fin du monde!..

TOUS, *avec effroi.* La fin du monde!..

LA REINE. Et nous qui avions pris toutes nos mesures pour que la nouvelle année naquît dans cette île, et qu'au grand dépit de ma sœur, la Politique, elle y passât ses douze mois comme sa mère... l'œuf d'où elle doit sortir est là... dans ce berceau...

TOUS. Regardons...

LA REINE. Prenez garde!... *(Tout le monde s'approche du berceau de verdure; la reine écarte le feuillage, et l'on aperçoit un œuf de la grosseur d'un œuf d'autruche.)* Il est encore bien petit... Et je doute de plus en plus que 1851 vive assez...

TOUS. Vraiment!...

LA REINE.

Air de *Marlborough.*

La chose est trop certaine...

TOUS.

Mironton, ton, ton, mirontaine.

LA REINE.

Sa fin est très-prochaine.

L'INDOLENCE.

Q'allons-nous devenir?

L'IVRESSE.

Pour nous plus d'avenir!

LA REINE.

Le monde va finir!

LA VOLUPTÉ.

Apaisez votre peine!

TOUS.

Mironton, ton, ton, mirontaine.

LA VOLUPTÉ.

Pour prévenir, ô reine!
Cet événement-là,

L'INDOLENCE.

Ici nous n'avons qu'à

LE SOMMEIL.

Nous adresser tous à

L'IVRESSE.

Ce vieillard qui, sans gêne...

TOUS.

Mironton, ton, ton, mirontaine.

LA VOLUPTÉ.

Fauche l'espèce humaine...

LA REINE.

A qui donc, s'il vous plaît?

L'INDOLENCE.

Au Temps... le Temps pourrait
Nous sauver s'il voulait.

TOUS.

L'idée est souveraine,
Mironton, ton, ton, mirontaine,
Croyez-nous, grande reine,
Approuvez son projet.

LA REINE. Puisque vous le voulez, j'adopte la proposition... A l'œuvre, mes fidèles Plaisirs!... une petite invocation au Temps.

CHŒUR.

Air de M. Kriesel.

Le malheur nous accable,
Temps, immuable vieux,

Montre-toi favorable
Et parais en ces lieux.
(*On entend le roulement du tonnerre.*)

LA REINE.

Ciel! le tonnerre gronde!
Que veut dire ceci?

LA VOLUPTÉ.

Est-ce la fin du monde?
(*Le bruit redouble. — Le Temps sort de dessous terre.*)

SCÈNE II.

LES MÊMES, LE TEMPS.

LE TEMPS.

(*Suite de l'air.*)

Non!... c'est moi!... me voici!...

TOUS.

Pour nous, bonheur extrême!
Se rendant à nos vœux,
Voici le Temps lui-même
Qui parait en ces lieux.

LA VOLUPTÉ. Le gaillard est encore assez vert!..

L'INDOLENCE. Je croyais le Temps plus vieux...

LA REINE. Soyez le bienvenu, rigide patriarche!... vous ne pouviez arrivez plus à propos...

LE TEMPS. Et surtout plus promptement... c'est à peine si j'ai eu le temps de prendre mon sablier et ma faux...

TOUS. Que de reconnaissance!..

LE TEMPS. Ah! j'aurais peut-être dû ne pas répondre à votre appel.

LA REINE. Pourquoi donc?

LE TEMPS. Dame!.. les Plaisirs et moi, nous ne sommes pas cousins... nous avons même toujours été en bisbille.

TOUS. Comment?

LE TEMPS. Sans doute... n'êtes-vous pas mes ennemis... ne dit-on pas toujours!.. « Amusons-nous pour tuer le Temps...

TOUS, *confus.* Oh!

LE TEMPS. Mais ça m'est égal!.. Le coffre est bon!.. et tout ce qu'on fait pour tuer le temps...

Air : *Loterie* (de M. Kriesel).

Tout ça passe, (*bis.*)
Du destin c'est l'arrêt cruel;
Plus de trace
Tout s'efface,
Le Temps seul demeure éternel.
Livres, pièces de théâtre,
Journaux, drames ou romans,
Qui prétendez me combattre
Et faire oublier le temps,
Tout ça passe, etc.
La fillette, bien éprise,
Jure que sur ses amours
Le Temps n'aura pas de prise,
Et qu'elle aimera toujours.
Tout ça passe, etc.
Tous les ans, quand on le vote,
Voyant le budget si gras,
Je dis : « C'est trop! qu'on en ôte!
Car tout n'y passera pas... »
Tout y passe...
Tout ça passe,
Du destin c'est l'arrêt cruel, etc.

Mais vous m'avez appelé... qu'y a-t-il?

LA REINE. Un grand malheur qui nous menace.

LA VOLUPTÉ. 1851, qui va décéder avant la naissance de 1852...

LE TEMPS. Que me dites-vous là?.. mais alors je suis flambé... vous êtes flambés... nous sommes tous flambés...

LA REINE. Peut-être... grâce à vous, il y aurait un moyen...

LE TEMPS. Je comprends... Vous voudriez me faire donner un coup de pouce à mon sablier... Il n'y a pas mèche, mes enfants.

TOUS, *le câlinant.* Ah! mon petit Temps...

LE TEMPS. Impossible!.. je passerais pour une patraque... et puis le Destin, mon bourgeois, se fâcherait...

TOUS, *le câlinant.* Oh! nous vous en prions.

LE TEMPS. Ah! si elles me câlinent... Eh bien! je ne dis pas non... Voyons d'abord où nous en sommes...

LA VOLUPTÉ, *écartant les branches.* Voici l'œuf!

L'INDOLENCE. Comme il a grossi!..

LA REINE. Quelque chose me dit que ce sera une année superbe.., comme sa mère....

LE TEMPS. Qu'en sait-on?.. les années se suivent et ne se ressemblent guère... C'est bien rare du moins... Et pour ne parler que des cinquante dernières... De celles qui ont commencé ce siècle...

Air de *Léonide.*

Leur destin fut bien différent,
J'en ai conservé la mémoire,
Toutes, hélas! dans notre histoire,
Ne brillent pas au même rang.
Gloire à nos quatorze premières!
Du siècle elles seront l'honneur.
Voyez leurs allures guerrières!
C'est l'Empire!... c'est sa splendeur!
Chacune au champ d'honneur naissait,
Et, fidèle au grand capitaine,
La victoire était leur marraine
Et le canon les baptisait.
Leurs noms étaient faits à leur taille,
Napoléon les leur donna.
Ce sont de grands noms de bataille:
Wagram, Austerlitz, Iéna,
A dater de ce moment-là
Tout change dans leur destinée...
A ses sœurs plus une autre année
Plus une, hélas! ne ressembla.
L'une à son front porte un stigmate,
Que le temps ne peut arracher,

C'est Waterloo... L'autre a pour date
Et Sainte-Hélène et son rocher.
Bientôt, au passé dérogeant,
Nous les voyons, changeant d'idole,
Faire, dans leur vanité folle,
Leur unique Dieu de l'argent.
De leurs sœurs perdant la coutume,
Plusieurs ont emprunté leur nom
Aux chemins de fer, au bitume...
Et la Bourse est leur Panthéon...
La victoire tombe en oubli ;
Sous ce ciel obscur qui se voile,
Brille à peine, comme une étoile,
Le double nom d'Alger, d'Isly.
La politique, de la gloire
Trop souvent les fit dévier
Et je trouve dans leur histoire
Des jours que je veux oublier.

(*Se tournant vers le berceau.*)

O toi qui vas naître aujourd'hui,
Toi dont notre sort va dépendre,
Ma fille, si tu peux m'entendre,
Je te dis en père, en ami :
« Dans le travail, dans l'industrie
« Sont les palmes à conquérir...
« La France par ma voix te prie :
« De toi dépend son avenir. »
Ses enfants te disent en chœur :
« Tes sœurs, illustrant notre histoire,
« Ont assez fait pour notre gloire,
« Travaille pour notre bonheur. »

ENSEMBLE.

Ses enfants te disent en chœur, etc.

LA REINE. Ainsi vous allez la faire éclore...

LA VOLUPTÉ. Oh ! oui, sauvez-nous tous...

LE TEMPS. En renversant le sablier... vous croyez que c'est absolument nécessaire...

L'INDOLENCE. 1851 est au plus bas.

LA VOLUPTÉ. Elle n'ira jamais jusqu'à minuit...

LE TEMPS. Ma foi... tant pis... Le Destin dira ce qu'il voudra. (*Il renverse le sablier; nuit subite.*)

TOUS. Ah!

LA REINE. Quelle obscurité!...

LE TEMPS. Puisqu'il est minuit!...

LA VOLUPTÉ. Minuit!..

LA REINE. Mais alors... l'année va éclore...

LE TEMPS. Sans doute!

Air des *Barricades*.

Elle va, de son enveloppe,
Se débarrasser.., oui, déjà
L'œuf grossit et se développe...
Dans peu de temps, regardez-la,
Cette coquille éclatera
Et l'année enfin paraîtra...
Oui, bientôt elle paraîtra.

LA REINE. Nous sommes sauvés!

LE TEMPS. 1851 peut mourir... 1852 va naître. La fin du monde est ratée...

LA REINE.

(*Suite de l'air.*)

Rangez-vous tous... à la nouvelle année,
Formez une brillante cour ;
Par les plaisirs que séduite, entraînée,
Elle se fixe en ce séjour.

(*La musique continue à l'orchestre. — Des accords de harpe retentissent. — Le berceau s'est ouvert de manière à laisser voir l'œuf. — Celui-ci s'entr'ouvre et l'année en sort.*)

SCÈNE III.

LES MÊMES, 1852.

1852.

Air des *Premières armes du Diable*.

Où suis-je? et d'où vient le délire
De mon cœur.
Ici tout charme, tout respire
Le bonheur!
Les fleurs soumises semblent naître
A mes yeux,
Et je crois vraiment encore être
Dans les cieux.
De surprise mon âme est ivre,
Oh! mon Dieu,
Soyez clément, laissez-moi vivre
En ce lieu.
Oui, je veux toujours
Y passer mes jours.
Car c'est ma patrie!
Berceau d'harmonie,
De parfums, de fleurs,
D'or et de splendeurs.

LE TEMPS. Allons!.. ce sera une petite luronne.

1852. Mais où suis-je enfin?

LA REINE. Dans l'île des Plaisirs, où ta mère a passé sa vie, et où tu resteras, je l'espère.

1852. Dans l'île des Plaisirs.

LA REINE.

Même air.

A toi les brûlantes caresses
De l'amour.
A toi des trésors, des richesses,
Une cour.
A toi les coupes d'or rougies
Par le vin.
A toi, bacchanales, orgies,
Gai festin.
A toi, la volupté sans voile
Dont le feu
Discret brille comme une étoile
Au ciel bleu.

TOUS, *entourant* 1852.

Près de nous toujours
Oh! passe tes jours.
C'est là ta patrie!
Berceau d'harmonie,

De parfums, de fleurs,
D'or et de splendeurs.

LE TEMPS, *à la reine.* Pourvu que la Politique ne vous l'enlève pas!

LA REINE. J'espère bien la retenir.

1852, *se dégageant des Plaisirs qui l'entourent.* Oh! assez!.. assez... c'est du délire!

LA REINE. Oh! tu n'es pas encore au bout... (*A part.* Achevons de l'enivrer... (*A la cantonade.*) A moi, les Cinq Sens.

SCÈNE IV.

LES MÊMES, LES CINQ SENS.

LES CINQ SENS.

Air de la *Polka militaire.*

CHŒUR.

Quand la reine commande
Il nous faut obéir;
Qu'ici chacun se rende
A son moindre désir.

1852.

Quelle flamme me dévore!

LE TEMPS.

Viens dans mes bras.

1852.

Me voilà!
Qu'êtes-vous donc? je l'ignore.

LE TEMPS.

Je suis le Temps, ton papa.

LA REINE, *aux Sens.*

Employez, pour la séduire,
Vos chants, vos plus doux accords.
De ses sens votre sourire
Doit éveiller les transports.

REPRISE DU CHŒUR.

Quand la reine commande, etc.

LA REINE, *parlé.* Vous m'avez entendue!

Air de la *Chanoinesse.*

Il vous faut charmer,
Vous faire aimer.
Que la nouvelle année
Par nous entraînée
Soit à jamais
Prise dans nos filets.
(*A l'Ouïe.*)
L'Ouïe, ô toi, dont les accents
Nous plongent dans un doux délire,
Prélude et viens charmer ses sens
Par les doux accords de ta lyre.
(*L'Ouïe tire quelques sons de sa lyre.*)

1852, *parlé.* Oh! que c'est joli!

LE TEMPS, *parlé.* Vous en pincez fort agréablement.

Suite de l'air.

Ah! c'est ravissant!
C'est renversant!
Et ce talent m'enflamme,
Je sens dans mon âme,
A ses accords,
Naître mille transports.

LA REINE.

Maintenant, au tour du Toucher
(*Au Toucher.*)
Ne te montre pas trop farouche!
(*A 1852 et au Temps.*)
De lui vous pouvez approcher.
(*Au Toucher.*)
Quitte ce voile!... qu'on te touche.

1852, *parlé, lui prenant la main.* Quelle main douce et veloutée!..

LE TEMPS, *l'embrassant.* Et les joues donc!.. C'est de la pêche!.. elle m'a chatouillé.

ENSEMBLE.

1852 ET LE TEMPS.

Ah! c'est ravissant!
C'est séduisant!
Sa douce main m'enflamme!
Et je sens, dans mon âme,
C'est merveilleux,
S'allumer mille feux.

LA REINE.

Donne-lui vite, toi, le Goût,
Tes fruits, tes plus belles brioches.

1852, *à qui le Goût a offert des corbeilles remplies de friandises.*
A moi cela!...

LE TEMPS.

Mais prends donc tout!
Nous en fourrerons dans nos poches.

1852, *mangeant, parlé.* C'est excellent!

LE TEMPS. Le beurre est très-frais!.. je vous redemanderai encore quelques babas.

1852 ET LE TEMPS.

ENSEMBLE, *en mangeant.*

Ah! c'est excellent!
C'est succulent!
Les douces friandises!
Elles sont exquises
Et son/mon palais
Leur trouve mille attraits.

LA REINE.

Toi, qui brilles d'un vif éclat,
A toi maintenant de séduire.
Que tes parfums, doux Odorat,
Viennent embaumer mon empire.

(*L'Odorat fait un geste; une ferme de verdure émaillée de fleurs apparaît au fond.*)

1852, *parlé.* Quelle odeur délicieuse!

LE TEMPS. Ça embaume!

ENSEMBLE.

Ah! c'est ravissant!
C'est séduisant!

C'est vraiment fantastique !
Ce parfum magique,
Ce doux encens
Vient enivrer ses / nos sens.

LA REINE, *parlé*. A toi, la Vue.

Suite de l'air.

Toi, montre à son regard si pur
Des bosquets, des fleurs, une rose...
Un riche site, un ciel d'azur

LE TEMPS, *galamment*.

Enfin montrez-nous quelque chose !

1852, *parlé*. Qu'est-ce qu'elle va nous faire voir.

LE TEMPS. Attends. (*Une rose d'un bosquet grandit, s'entr'ouvre, et laisse voir un Amour.*)

1852. Oh ! que c'est gentil !

ENSEMBLE.

1852 ET LE TEMPS.

Oui, c'est séduisant !
C'est ravissant !
Je sens naître en mon âme
Une vive flamme
Un tendre amour
Pour ce charmant séjour.

LES AUTRES.

Oui, c'est séduisant !
C'est ravissant !
Enfin naît en leur âme
Une vive flamme,
Un tendre amour
Pour ce charmant séjour.

LA REINE. Ainsi, c'est décidé... Tu restes avec nous...

1852. Je le crois bien... je veux faire ce qu'a fait ma mère... m'amuser du 1er janvier au 31 décembre... Au diable la politique et les affaires sérieuses !

LA REINE. Bravo !.. Venez alors dans mon palais ! (*Musique à l'orchestre. Un Génie paraît.*)

SCÈNE V.

LES MÊMES, LE GÉNIE.

LE GÉNIE. Arrêtez !

LE TEMPS. Quel est ce petit Génie.

LA REINE. Et de quel droit pénètre-t-il dans l'île des Plaisirs.

LE GÉNIE. Du droit que tu m'as donné toi-même tout à l'heure... n'as-tu pas fait appel à tous les Sens...

LA REINE. Oui... les voilà !..

LE GÉNIE. Tu en as oublié un...

LE TEMPS. Lequel ?

LE GÉNIE. Le plus utile, et pourtant celui qu'on dédaigne toujours... moi, le Bon Sens.

TOUS. Le Bon Sens !

LE GÉNIE.

Air de *Doche*. (Rose et Marguerite).

Oui, le Bon Sens... Oh ! je sais qu'à la ronde
On me proscrit, on me bannit souvent...
Moi qui devrais seul gouverner le monde,
Dès qu'on me voit, on s'éloigne à l'instant ;
Mon seul travers, faut-il que je le dise,
Ce qui m'empêche un peu d'être écouté,
C'est que je parle avec trop de franchise,
Je ne sais pas farder la vérité.
A ce vieillard qui, malgré son grand âge,
Se dit un jour : — « J'ai bon œil, j'ai bon air...
« Marions-nous. — » Je réponds : « Sois donc sage,
N'épouse pas, ou tu seras... » C'est clair.
Au bon rentier, sans qu'il me le demande,
Je dis souvent : « Ce prospectus si beau
Qui te promet un riche dividende,
Te trompera... songe à M. Gogo... »
A la fillette encor à son aurore
Dont un futur exalte les vertus,
Je dis : — « En toi, sais-tu ce qu'il adore,
Ma pauvre enfant... mais ce sont tes écus. »
Tous ces gens-là me trouvent dur, bizarre...
Pauvres mortels, vous êtes ainsi faits,
Vous préférez l'esprit qui vous égare
Au gros Bon Sens qui ne trompe jamais.
Je me console et je sais qu'à la ronde,
Si de nos jours j'ai peu de partisans,
Je finirai par conquérir le monde,
Car, sachez-le, rien ne vaut le Bon Sens.

Et je viens pour sauver 1852...

TOUS. La sauver !

LE BON SENS. En la ramenant à de meilleurs sentiments... (*A 1852.*) Jeune imprudente...

1852, *l'interrompant*. Laissez-moi tranquille... vous radotez...

LE BON SENS. C'est cela... fais comme les autres... refuse de m'écouter... lorsque moi seul puis t'empêcher de te perdre...

1852. De me perdre !

LE TEMPS. Diable ! ça devient sérieux.

LE BON SENS.

Air : *Valse d'Emma.*

Ecoute-moi,
Pas d'effroi,
Regardant en arrière,
A ton réveil,
Laisse-moi te donner un conseil :
Ne cède pas à leur douce prière,
Ta mère, hélas ! s'y livrant tout entière
S'est fait, crois-moi, dans sa longue carrière,
Des ennemis
Beaucoup plus que d'amis.
J'ai recueilli les clameurs de la ville,
Et bien des fois j'entendis mes sujets,
Gémir de voir, quand tout était tranquille,
Perdre le temps en plaisirs, en projets.
Viens, suis mes pas,

Et tu verras,
En tous lieux par moi patronnée,
Ce qu'inventa,
Ce qu'exalta
Dans Paris la défunte année,
Oui, tout ce que fit la défunte année.
Viens avec moi
Pas d'effroi,
Et par moi patronnée
De mon conseil,
Va, crois-moi, profite à ton réveil.

LA REINE. Je te comprends... tu veux enlever l'année au Plaisir pour la livrer à la Politique.

LE BON SENS. Nullement.

LE TEMPS. A la bonne heure.

LA REINE. Mais tu auras beau faire, nous saurons bien nous opposer à tes projets. (*A 1852.*)

Air : *Assez dormir, ma belle.*

Reste dans mon empire
Pour t'amuser et rire,
Méprise sa leçon.
Fais ce qu'a fait ta mère,
Ris du langage austère
De la froide raison.

LE BON SENS, *entraînant* 1852.

Lorsque ma voix t'éclaire,
Viens...

LA REINE, *même jeu.*

— Non, reste, ma chère.

1852.

Grand Dieu! quel embarras!

LE TEMPS, *s'interposant.*

Trop d'ardeur vous enflamme!
Vous allez, sur mon âme,
Lui démancher les bras.

ENSEMBLE.

Reste dans notre empire, etc., etc.

LE BON SENS.

Viens, quitte cet empire,
Crains leur fougueux délire,
Ecoute ma leçon.
N'imite pas ta mère;
Un voyage sur terre
Te rendra la raison.

1852. Que faire?

LE TEMPS. Ce que te conseille le Bon Sens... allons d'abord à Paris montrer à 1852 ce que sa mère a fait... si, après l'avoir vu, elle consent à revenir ici, elle sera libre de le faire.

LE BON SENS. J'accepte.

LA REINE. Moi aussi... (*A part.*) Elle nous reviendra.

LE TEMPS. En ce cas, en route...

TOUS. En route!

FINAL.

Air de *Renaudin de Caen.*

LE TEMPS, 1852, LE BON SENS.

Partons! (*ter.*)

ENSEMBLE.

Ah! pour mon cœur quel séduisant espoir!
Tout va dans ce voyage
Me sembler nouveau, je le gage;
Quel bonheur pour moi de tout voir.

LES AUTRES.

Ah! pour son cœur quel séduisant espoir!
Tout va dans ce voyage
Lui sembler nouveau, je le gage;
Quel bonheur aussi de tout voir!

LE TEMPS, *à* 1852.

Suis-moi toujours.

1852.

— Dans ce Paris perfide
Si je vous perdais, vous, mon guide...

LE TEMPS.

Comme le font tant d'autres gens
Ne va pas y perdre ton temps.

LE TEMPS, 1852, LE BON SENS.

Allons! allons! (*bis.*)
Sans plus tarder, partons.

LA REINE.

Chère petite,
Reviens parmi nous au plus vite

REPRISE DE L'ENSEMBLE.

(*Tableau du départ.*)

FIN DU PROLOGUE.

PREMIER ACTE, DEUXIÈME TABLEAU.

Le théâtre représente le débarcadère d'un chemin de fer.

SCÈNE PREMIÈRE.

EMPLOYÉS, VOYAGEURS, LE TEMPS, 1852, *puis* LE BON SENS ET DEUX DOUANIERS.

(*Au lever du rideau, des employés et des voyageurs traversent la scène.*)

CHŒUR.

Air de la *Caricature.*

Grâce à la locomotive,
Et grâce au chemin de fer,
Dès qu'on s'embarque on arrive;
C'est aussi prompt que l'éclair.

LE TEMPS. Ah! nous voilà enfin arrivés... Il était temps... Je commençais à avoir des fourmilières dans les jambes.

1852. Eh bien! Et le Bon Sens?.. il ne nous suit donc pas?

LE TEMPS. Il a été arrêté par les douaniers...

Tiens, regarde-le là-bas, discutant avec ces sondeurs...

1852. Le Bon Sens paie donc entrée à Paris?

LE TEMPS. Sans doute... c'est ce qui fait qu'on l'y rencontre si rarement.

(*En ce moment le Bon Sens arrive, escorté par deux douaniers.*)

LES DEUX DOUANIERS.

Air de *Gastibelza*.

Vite, allons, payez-nous;
C'est la loi qui vous l'ordonne;
Nous n'épargnons personne.
Soldez, ou bien gare à vous.

LE BON SENS. Mais, messieurs les douaniers...

UN DOUANIER. Pas de réflexions... le Bon Sens est devenu un objet de luxe cette année... et comme tous les objets de luxe paient entrée, c'est trois francs cinquante.

LE BON SENS. Allons, puisqu'il n'y a pas moyen de faire autrement, voici votre argent.

LE DOUANIER. Merci. (*Les douaniers sortent.*)

LE BON SENS. Comprenez-vous ces animaux qui m'assimilent à la piquette, aux bêtes à cornes, à la volaille... à l'esprit-de-vin.

LE TEMPS. Écoute donc... puisque l'esprit paie un droit, il est juste que le Bon Sens...

1852. Il fallait faire comme grand'papa... changer de costume avant de vous embarquer... vous n'auriez pas été reconnu...

LE TEMPS. Certainement... vois, moi... j'ai troqué mon sablier contre une toquante, et ma faux contre un rotin... et puis... j'ai acheté un Talma...

LE BON SENS. Oui, le Temps est bien couvert... mais laissons tout cela.

LE TEMPS. Et songeons que vous nous avez promis de nous montrer les curiosités de Paris...

LE BON SENS. J'en aperçois justement là-bas... ce sont des Anglais...

LE TEMPS. Des créanciers... diable! si mon horloger était parmi eux je lui redois vingt-cinq sous.

LE BON SENS. Rassure-toi... ce sont de vrais Anglais...

1852. Des Anglais à Paris...

LE BON SENS. Pourquoi pas?.. Cette année a vu deux miracles: — La rencontre de la lune et du soleil, et l'accolade de la France et de l'Angleterre.

Air : *Tenez, moi je suis un bon homme.*

Laissant leur ancienne querelle,
Oui, chacun de ces deux pays,
Forme une alliance nouvelle,
Tous deux redeviennent amis.

LE TEMPS.

Ils se devaient cette revanche,
Comme frère et comme voisin;
Car lorsqu'on se tient par la Manche,
On peut bien se donner la main.
Oui, lorsqu'on se tient, etc.

1852. Et à quel propos cette amitié soudaine?

LE BON SENS. Tu le sauras plus tard... Interroge d'abord ces personnages qui nous arrivent.

SCÈNE II.

LES MÊMES, ANGLAIS, ANGLAISES, MILORD ET MILADY.

ENSEMBLE.

Air : *Songez à m'obéir.*

Quittons tous, il le faut,
Cette France hospitalière;
Il est temps au plus tôt
De regagner le Angleterre.

1852, *à part.* Ah! les drôles de figures!

LE TEMPS, *saluant.* Milord... Ser... Mistress... Milady... esquare... goddam!

MILORD. Bôjour... bôjour... (*Au Temps.*) Y dou you dou, Ser?

LE BON SENS, *au Temps.* Il vous demande comment vous vous portez...

LE TEMPS. Vous êtes bien honnête... Je me *y dou you dou* pas mal.

LE BON SENS. Eh bien?.. êtes-vous content de votre voyage à Paris?..

MILORD. Yès... jé étais venu avec le lord maire, et jé étais beaucoup bien aise... très-satisfait... et bien content... D'abord jé avais mangé bôcop... et puis jé avais fait apprendre le français à Milady.

LE TEMPS. Ah! Milady parle français...

MILADY. Yès... y speach french very well, and y do not mahe a single fault...

1852. Ainsi l'on vous a bien traités...

LE BON SENS. Admirablement... L'Hôtel-de-Ville s'était fait, pour les recevoir, la succursale de Chevet, n'est-ce pas?

MILORD. Yès... il y avait bôcop de fleurs... et dé haricots... trop dé haricots... jé aimais mieux lé pommes de terre.

MILADY. Oh! yès!.. there was a great deal of haricots.

1852, *au Temps.* Qu'est-ce qu'elle dit donc?

LE TEMPS. Je ne sais pas... elle parle français en anglais...

LE BON SENS. Avouez qu'on n'a rien épargné pour vous faire honneur... spectacles... bals... concerts...

LE TEMPS. Tout ce qu'il y a de plus amusant...

1852. Sans compter Paris que vous avez dû visiter... parcourir en tous sens...

MILORD. En toussant... Oh! nô... j'étais pas enrhumé... du tout...

LE BON SENS. Elle veut dire dans tous les sens.

MILORD. Oh! yès... j'ai tôt vu... tôt visité...

Air du *Nègre.*

J'avais vu lé Madeleine,
Le Pont-Neuf et la Seine,
L' macadam, les trottoirs;
L' canal, les abattoirs...
J'avais vu l'Obélisque
Et la port' Saint-Martin;
J'avais vu l' domestique

De monsieur Poitevin.
J'avais tôt vu, tôt visité,
Et je suis ravi, transporté (*bis.*)
J'ai gôté lé cuisine
Dé Véfour, dé Véry;
J'ai vu lé bonn' mine
De mester Franconi.
Yès, dans Paris tôt me plaisait;
Enfin jusqu'au Water-Closet
Que j'ai vôlu voir en secret.
Oh! que c'était donc beau!
Que c'était nouveau!
Oh! oh!

ANGLAIS ET ANGLAISES.

Oh! que c'était donc beau!
Que c'était nouveau!
Oh! oh!

MILORD.

Oh! ce Paris!
Quel beau pays!
Qu'il est gentil!
Et me plait-il!

ANGLAIS ET ANGLAISES.

Oh! ce Paris!
Quel beau pays!
Qu'il est gentil!
Et me plait-il!
Oh! oh!

LE BON SENS. Et vous, Milady, ne nous direz-vous pas ce qui vous a charmée?

LE TEMPS. Ce qui vous a le plus plu.

MILALY. Wilh pleasure.

Même air.

I have seen the *Chaumière*
And the château d'*Asnière*,
Fis the that the *public*
Dances will great *chic*.
I have seen *Château-Rouge*,
Famous place for *polkas*,
The maids of the *Boule-Rouge*,
All dancing *mazurkas*.
Wery pretty! wery *rupin!*
None deny it but *cretin*. (*bis.*)
Gay as a *Vaudeville*,
When i go bach to town,
I will remember *Mabille*
And going up and down,
I will turne, round,
Round
Round.
(*Elle tourne en dansant.*)
In a way so beautiful!
And to very delighful.
(*Elle danse.*)
Oh! what a tweasure!
What a pleasure!
Oh! oh!

TOUS.

Oh! que c'était donc beau!
Que c'était nouveau!

MILADY.

Hurrah! for Paris!
What a country.
Wery elever!
Paris for ever!
Oh! oh!

TOUS.

Oh! ce Paris!
Quel beau pays!
Qu'il est gentil!
Et me plait-il!
Oh! oh!

1852. Si c'est là tout ce qu'ils ont admiré à Paris...

MILORD. Nô avons vu aussi les Tuileries... le Panthéonne... les Invalides...

LE BON SENS. Les Invalides... quoi... malgré les souvenirs qui s'y rattachent...

MILORD. Oh! yès... Cé était là qu'est le tombe du héros que l'univers admire... mais devant lui tôt bon Anglais pôvait se prosterner sans honte...

Air de la *Vieille.*

Puisque votre idole adorée
Tomba victime du malheur;
A sa mémoire vénérée
Offrons un tribut de douleur.
C'est une mission sacrée
Que doit accomplir notre cœur.

ANGLAIS ET ANGLAISES.

Que doit accomplir notre cœur.

MILORD.

Quoique jadis de ce grand capitaine
On nous ait vue combattre le drapeau,
En arrivant aux rives de la Seine,
Nous oublions tout souvenir de haine,
Et, prosternés devant votre drapeau,
Nous avons tous prié sur son tombeau.

ANGLAIS ET ANGLAISES.

Et, prosternés devant votre drapeau,
Nous avons tous prié sur son tombeau.

LE TEMPS, *avec enthousiasme.* Oh! très-bien... Je vais lui parler anglais. (*Serrant la main à Milord.*) Ya mannher.wery well! c'est extrêmement wery well....

LE BON SENS. Et maintenant vous allez retourner à Londres?

MILORD. Il fallait bien... pendant que jé étais dedans le voyage, le feu il avait pris à mon maison... (*Montrant Milady.*) Le frère de Milady, il avait fait interdire elle, comme folle... (*Montrant un Anglais.*) Le banquier de sir Cornardson, il avait chipé à lui tôtes ses banknotes... (*Montrant une Anglaise.*) Et le mari de mistriss Pumkuit, il avait fiché son camp avec son femme de chambre.

LE TEMPS. Sapristi... que de malheurs.

MILORD. Mais nô reviendrons l'année prochaine...

MILADY. Oh! yès...

MILORD. Pour perfectionner Milady dans lé langue française...

LE TEMPS. Je crois que vous n'aurez pas tort...

MILADY. Good morning, Ser.

LE TEMPS. Au plaisir.

1852. Bon voyage.

ENSEMBLE.

Reprise de l'air d'entrée.

Quittons tous, il le faut, etc.

(Les Anglais et les Anglaises sortent)

SCÈNE III.

LE TEMPS, 1852, LE BON SENS.

LE TEMPS. Ces Anglais sont assez amusants.

1852. Oui... mais tout cela ne vaut pas encore l'île des Plaisirs...

LE TEMPS. A propos de plaisirs, voici un journal que j'ai acheté.

LE BON SENS. Le *Journal du Plaisir.*

LE TEMPS. Il doit être jovial. Voyons. *(Il lit.)* « Madame la comtesse Trois-Étoiles est morte hier « après une longue maladie. »

LE BON SENS. Ce n'est pas gai!

LE TEMPS. Si... pour ses héritiers... Voyons les nouvelles diverses... *(Lisant.)* « La dernière as- « cension du célèbre Gobinard a été des plus « brillantes... A cinq mille mètres environ la na- « celle s'est brisée, et les quatre voyageurs ont « été précipités dans l'espace... »

TOUS. Oh!

LE TEMPS. Attendez... *(Lisant.)* « On espère « qu'ils seront tombés sans se faire de mal... » *(Parlé.)* Je t'en fiche! Ah! théâtre de l'Ambigu... *(Lisant.)* « Rien de plus joli que le *Croquemort.*»

1852. Oh! assez! assez... passez aux annonces.

LE TEMPS, *lisant.* «Semaines de plaisir.» Qu'est-ce que c'est que ça?

LE BON SENS. Elles vont te le dire elles-mêmes, car les voilà.

SCÈNE IV.

LES MÊMES, LES SEMAINES DE PLAISIR.

(Elles portent chacune un bouquet de fleurs.)

CHŒUR.

Air :

Que voulez-vous de nous?
Sans plus tarder expliquez-vous.
Nous avons, pour vous divertir,
Le vrai plaisir
A vous offrir.

LE TEMPS. Ah! ces demoiselles...

UNE SEMAINE. Sont les Semaines de plaisir... Nous avons trouvé le moyen de distraire le Parisien pendant huit jours, en le faisant voyager au rabais...

LE BON SENS. Au rabais!

LE TEMPS. Où ces dames conduisent-elles leurs voyageurs?

LA SEMAINE. Tu vas le voir. *(Une Semaine ouvre son bouquet en forme d'éventail et on lit.)* « Se- « maine à Pontoise. »

1852. Semaine à Pontoise.

LE TEMPS. Et ça coûte?

LA SEMAINE. Quarante-cinq sous... le veau compris...

LE BON SENS. Ça n'est pas cher.

1852. Oh! grand-papa, allons-y.

LE TEMPS. Non... le veau m'est contraire.

LE BON SENS. Semaine à Clichy.

LA SEMAINE. Six francs tout compris... avec vingt-cinq centimes de plus on peut rosser un garde du commerce entre ses repas.

1852. Semaine à l'hôtel des Haricots.

LA SEMAINE. Rien... tout compris.

LE TEMPS. Ah! ça ne coute rien... Je m'y rendrai... Ça me va, moi qui suis paisible et ennemi des factions...

LE BON SENS. A une autre.

1852. Semaine chez un ami qui nous lit ses tragédies.

LA SEMAINE. On est nourri, logé, habillé, chauffé, rasé, fumé, couché et endormi gratis.

LE TEMPS, *à la Semaine.* Mais vous... vous ne nous avez pas encore dit...

LA SEMAINE. Moi... *(Développant son bouquet.)* Semaine à Fontainebleau.

LE TEMPS. J'aime mieux ça...

LA SEMAINE. Sept francs, tout compris... Mon programme est très-varié... Le lundi, on déjeune, on va visiter la forêt, et on dîne... Le mardi, on déjeune, on va visiter la forêt, et on dîne... Le mercredi, on déjeune...

LE TEMPS. On va visiter la forêt...

1852. Et on dîne...

LE BON SENS. Huit jours de plaisir, c'est bien vite passé...

1852. Oui... un mois, je ne dis pas... Et tenez... je lis justement sur ce journal : un mois de plaisir pour quinze francs.

LE TEMPS. Pour quinze francs... Cinquante centimes par jour!.. est-ce possible?

LE BON SENS. Certainement... Un monsieur très-riant a inventé cette fameuse société de plaisirs.

LA SEMAINE. Et chacun en a pu voir les affiches aux carreaux des principaux débitants de la capitale... Chez les épiciers, au milieu des pruneaux et de la mélasse; chez les fruitiers, entre une oie et un melon ; chez les marchands de tabac, à côté des carottes... enfin, chez les pâtissiers, charcutiers, rôtisseurs, bandagistes, débitants de pains d'épice, etc., etc., etc.

Air de la *Tante Loriot.*

Rions tous les jours,
Répète-t-on dans les réclames,
Les instants sont courts,
Rions, rions, rions toujours.
Et pour quinze francs
On vous promet dans les programmes
Les attraits charmants
De mille plaisirs différents.
Théâtres, concerts,
Les plus grands et les plus infimes
Pour vous recevoir
Sont, dit-on, disposés le soir.
Voici le revers :
Vous payez cinquante centimes,
Et l'on vous fait tous
Monter aux places à six sous.
Rambouillet un jour
Promet une chasse suivie;
Avant le retour
L'orage vous chasse à son tour.
Dans son grand château
Asnière une nuit vous convie,
Le parc est fort beau,
Mais on s'enrhume du cerveau.
Du matin au soir,
Vous pouvez vous donner sans peine
Le plaisir de voir
Les gens flâner sur le trottoir :
Avec un ami
Le plaisir de dîner sans gêne.
Vous avez aussi
Le plaisir de payer pour lui.
Au grand Opéra
L'entrée ayant été promise,
Gardez pour la fin
Ce spectacle charmant, divin ;
Et vous aurez là
Le vrai plaisir de la surprise...
Dès qu'on vous verra
A la porte on vous flanquera.
Partout dans Paris,
Craignez une trame nouvelle;
On vous volera
Montre, bijoux et cœtera.
Soyez avertis,
C'est ce que le programme appelle,
Pour vous prémunir,
Voler de plaisir en plaisir.
Rions tous les jours,
Répètent-ils, dans leur réclame,
Les instants sont courts,
Rions, rions, rions toujours.
Et pour quinze francs,
Ils promettent dans leur programme,
Les attraits charmants
De mille plaisirs différents.

LE BON SENS. Tout cela pour quinze francs!

LE TEMPS. C'est égal! je garde mon argent... Mois de plaisir, Semaines de plaisir... allez vous coucher...

REPRISE DU CHŒUR.

(*Les Semaines sortent.*)

SCÈNE V.

LE TEMPS, 1852, LE BON SENS, *puis* LA HALLE ET LE LOUVRE.

1852. Je commence à croire que ma mère 1851 a eu tort de créer tant de plaisirs.

LE BON SENS. Je vais vous montrer quelque chose de plus sérieux. (*On entend une dispute au dehors.*)

LE TEMPS. Quels sont ces cris?.. on dirait qu'on se chamaille?

LE BON SENS. C'est la Halle qui se dispute avec le Louvre.

(*La Halle, en costume de vieille poissarde, et le Louvre, en costume Louis XIII, entrent en scène.*)

ENSEMBLE.

Air du *Domino noir.*

Ah ! c'est affreux,
Scandaleux, odieux !
Redoute mon courroux,
Il faudra filer doux.
M'injurier ainsi,
Mon cœur en est saisi.
Ne va pas croire, toi,
M'inspirer de l'effroi.

REPRISE

LE LOUVRE ET LA HALLE.

Ah ! c'est affreux ! etc.

LA HALLE. A-t-on jamais vu, ce faraud-là!.. Parce qu'il s'intitule le Louvre, il faut qu'on ne requinque que lui... qu'on ne bichonne que lui... As-tu fini... Fifi !

LE LOUVRE, *avec colère.* Par la Pâques-Dieu !

LA HALLE. Pâques-Dieu ! toi-même, face de carême...

LE LOUVRE, *furieux.* Par la sang-Dieu !

LA HALLE. Encore!.. (*Mettant les poings sur les hanches.*) Ah çà! mais, dis donc, espèce de Jocrisse, fabricant de malices, tu veux donc que je te démolisse?.. Est-ce que tu me crois assez bécasse pour craindre ta carcasse, parce que tu as une mouche sur la face et un feutre sur ta tignasse; mais regardez donc, v'là-t-y pas un beau melon avec sa plume de dindon... Ah ! c' potiron !

LE LOUVRE, *exaspéré.* Par la mort-Dieu !

LE TEMPS, *s'interposant.* Permettez, Madame, mais il me semble...

LA HALLE, *se retournant vers le Temps.* Eh ben! d'ous qu'y sort, cet exhumé?.. Va donc te faire empailler, vieux démanché!..

LE TEMPS. Elle m'invective aussi...

1852. Madame, vous oubliez...

LA HALLE, *se tournant vers elle.* Et c'tte autre péronnelle... De quoi donc qu'elle se mêle avec ses cheveux de ficelle, et son nez qu'est comme une chandelle?..

1852. Oh!

LE TEMPS. Elle en... veut à tout le monde!

LE BON SENS. Voyons... Au lieu de vous emporter comme vous le faites, dites-nous plutôt le motif de votre différend avec Monsieur?

LA HALLE. Pardine!.. C'est bien simple... Pourquoi que cette année on ne s'est occupé que de lui... On l'entoure de prévenances et de grilles... on construit des jardins dans l'intérieur de sa cour... on prolonge la rue de Rivoli pour la faire passer sous les fenêtres de Monsieur... tandis que moi, la Halle, on me dit d'attendre, on pose ma première pierre, on commence à creuser mes fondations... et voilà tout... Pendant ce temps je me détraque... je tombe en ruines... je me dégrade... quoi!

1852. Ah! dame! j'ai entendu dire que le Louvre...

LA HALLE. C'est un grand braillard qui ne fait que jurer...

LE TEMPS. Sa cour jurait aussi... avec son bâtiment... et c'est pour cela qu'on l'a restaurée... Et puis... (*Déclamant.*)

Cette garde qui veille aux barrières du Louvre,

(*D'un ton naturel.*) Ne défend pas qu'on le rafistole...

LE BON SENS. D'ailleurs, il a des titres...

Air : *Soldat français.*

Il fut d'abord la demeure des rois ;
Abandonnant ses vastes galeries,
On les a vus, faisant un nouveau choix,
Lui préférer plus tard les Tuileries.
Mais ne crois pas que par ce changement
Sa place fut moins belle dans l'histoire.
Non!.. Il devint un musée... en ouvrant,
Comme il l'a fait, ses portes au talent,
Il n'a rien perdu de sa gloire.
Le Louvre a conservé sa gloire.

LE LOUVRE. *avec fierté.* Ventre-saint-gris!

LA HALLE. Eh ben!.. Et moi!.. Est-ce que je ne vaux pas aussi la peine qu'on m'achève?..

LE TEMPS. Je ne dis pas...

LA HALLE. Est-ce que je n'ai pas des titres aussi? Interrogez un brin depuis les pêcheux de la Grenouillère jusqu'aux bons drilles du Port au blé...

Air : *Papa, les p'tits bateaux.*

Ne crois pas aujourd'hui
Que l'on puisse m'en faire accroire ;
J'ai des titres de gloire,
Et je suis plus noble que lui.
Sans en dire bien long,
Si je remontais dans l'histoire,
Je pourrais, mon fiston,
T'obliger à changer de ton.
A Versaille, à la cour,
Malgré mon origine,
Quand venait un grand jour,
J'arrivais à mon tour.
J'apportais mon bouquet,
J' dégoisais ma tartine,
J'assistais au banquet,
Quell' bosse on s'y flanquait!
D'un compliment flatteur
Au monarque j'offrais l'hommage,
C'était pas d' beau langage,
Mais du moins ça partait du cœur.
Puis le roi me donnait
Un gros baiser... c'était l'usage...
Faut croir' qu' ça lui conv'nait,
Car souvent il y revenait.
Il est plus d'un grand nom,
Dont je puis être fière ;
Ma fontaine est, dit-on,
L'œuvre de Jean Goujon.
Sous mes piliers un jour
J'ai vu naître Molière ;
Beau nom qu'avec amour
On redit à l'entour.
Mon langage poissard
A captivé plus d'un poëte ;
Et j'ai fait la conquête
D' Vadé, de Collé, de Panard.
C'est dans un cabaret,
Pipe à la bouche, et vers en tête,
Que souvent s'enivrait
La muse qui les inspirait.
A la Hall', de tous temps,
La tête fut légère ;
Mais de tous ses enfants
Les cœurs sont excellents.
Jamais manquant de pain,
Jamais, dans sa misère,
Le malheureux en vain
Chez moi ne tend la main.
Ainsi donc aujourd'hui
N'espère plus m'en faire accroire ;
J'ai des titres de gloire
Et je suis plus noble que lui, etc.

LES AUTRES.

Ainsi donc aujourd'hui
N'espèr' plus nous en faire accroire ;
Par ses titres de gloire
Elle est aussi noble que lui.
Sans en dire bien long
En remontant dans son histoire
Elle a su, tout de bon,
L'obliger à changer de ton.

LE TEMPS. C'est vrai... vous êtes une brave femme... Aussi je veux faire quelque chose pour vous...

LA HALLE. Bah!.. Qui donc que c'est que ce dégommé-là?..

LE BON SENS. Le Temps.

LA HALLE. Le Temps!.. ah! ça, c'est vrai que vous pouvez me rendre un fameux service... Chaque fois que je me plains... on me répond : — « Faut le temps... avec le temps, on vous reconstruira. » — Allons! soyez bon fiston... reconstruisez-moi tout de suite, et je paie la goutte...

LE TEMPS. Soit... mais à une condition...

Air du *Retour au pays.*

Oui, je veux bien te prêter assistance,
Et devancer pour toi l'ordre du temps ;
Oui, je veux bien, usant de ma puissance,
Relever aujourd'hui tes vieux murs chancelants.
Mais, à ton tour, une promesse...
Plus d'insultes à tout propos ;
Plus de langage qui nous blesse,
Plus de disputes, de gros mots.
Si de Paris je fais de toi la reine,
Si tes splendeurs éclipsent nos palais,
Me promets-tu, comme une souveraine,
De parler et d'agir ? —

LA HALLE.

Oui, je te le promets.

LE TEMPS.

Eh bien donc !.. qu'à ma voix tout change !
La vieille Halle va finir.
Disparais. —

(*La Halle se transforme et apparaît sous un costume des plus frais et des plus brillants, un bouquet à la ceinture.*)

LA HALLE.

O prodige étrange !
En moi tout vient de rajeunir.
Je n'aurai plus que de douces paroles ;
Tout est changé, mon allure et mon ton,
Plus de gros mots !.. plus de disputes folles !
Car la Halle devient un élégant salon...

LE LOUVRE, *étonné.* Par la corbleu !

LA HALLE, *au Temps, avec une extrême politesse.* Mille remercîments à vous qui m'avez embellie... (*Elle lui donne sa main à baiser.*)

LE BON SENS. Un ton de marquise.

LA HALLE, *offrant un bouquet à 1852.*) A vous ces fleurs, ma belle enfant, ce sont vos sœurs aînées...

LE BON SENS. Ainsi, vous serez toujours polie, et quand on vous marchandera votre poisson...

LA HALLE. Je répondrai : — Ah ! Monsieur, vous n'y songez pas... je vous demande trois francs, et vous m'offrez vingt-cinq sous... un poisson comme celui-là... un merlan frais comme l'œil... vingt-cinq sous... Ah ! ben !.. ah ! ben !.. ah ! ben !.. (*Éclatant.*) En v'là un toupet !.. (*Se remettant les poings sur la hanche.*) Ah ! r'gardez donc ce Nicodème descendu de la lune... ça marchande, et ça a un morceau de verre dans l'œil... va-t'en, moule à singe, tête de caniche, rentre dans ta niche, ou, si tu me triches, je te fiche... (*Elle fait le geste de souffleter.*)

LE BON SENS. La voilà repartie !

LA HALLE.

Air : *A coups de pied.*

Oui, plus d'orgueil, à l'avenir,
Je ne veux plus me rajeunir,
Je me contente de ma gloire.
Et le premier qui me dira :
Vous êtes laid' comme cela,
A coups de pied, à coups de poing,
J' lui cass' la... face et la mâchoire.

(*Elle sort avec le Louvre.*)

1852. Le naturel reprend le dessus...

LE TEMPS. Avec tout ça elle m'avait promis de me payer un petit verre, j'aimerais mieux quelque chose de plus substantiel... un bifteck aux pommes, par exemple.

LE BON SENS. Rien de plus facile... justement c'est le jour où se vend la viande à la criée.

LE TEMPS. A la criée.

LE BON SENS. C'est une invention de l'année 1851...

1852. Et cette vente se fait à l'hôtel Bullion.

LE BON SENS. Non... mais voici précisément des personnes qui en reviennent...

LE TEMPS. Que de monde !

LE BON SENS. Toutes les industries s'en mêlent...

SCÈNE VI.

LES MÊMES, UN FACTEUR, UN COCHER, MARCHANDE, UN TITI, FOULE.

CHŒUR.

Air : *Vite, qu'on détale.*

Vite, qu'on s'installe !
Et dans cette salle
Vendons tous les morceaux
Les plus beaux. } (*bis.*)

UN GAMIN, *criant.* Bonnes côtelettes chimiques, deux liards le paquet !.. un sou la boîte...

UNE MARCHANDE. Biftecks... vrais beftecks à un sou le tas !..

LE TEMPS. On vend la viande comme les allumettes et les pommes. Ah ! voici un facteur... (*Allant vers lui.*) Vous n'avez rien pour moi ?..

LE FACTEUR, *ouvrant sa boîte.* Si, Monsieur, tout ce que vous voudrez... une côtelette... des rognons... une entre-côte...

UN COCHER DE FIACRE. Préférez-vous un bifteck, notre bourgeois...

LE TEMPS. Les cochers de fiacres aussi... tout le monde vend donc de la viande... maintenant...

LE BON SENS. Pas encore... mais cela ne tardera pas.. on parle d'abolir le monopole de la boucherie... or comme tous les bouchers s'enrichissent, tout le monde voudra se faire boucher...

1852. Ce sera drôle !

LE TEMPS. Oui, je crois qu'on verra des choses assez comiques.

Air de *Renaudin.*

Ce sera fort original,
Et nous verrons notre patrie,
Grâce à cette bizarrerie,
Se changer en un vaste étal.
Du collég' quittant les banquettes,
L'écolier se f'ra *subitò*

Recevoir docteur ès-côtelettes,
Ou bachelier ès-fricandeau.
Ce système attrayant et neuf,
Je vous le dis sans raillerie,
Fera que plus d'une industrie
Vivra de la vente d'un bœuf.
Le tailleur vendra la culotte;
On trouvera chez le coiffeur
La côtelette en papillote,
Et la langue chez l'orateur.
Les manches à gigot seront
Débités par les couturières;
C'est chez nos danseuses légères
Que les pieds d' bœuf se trouveront.
Pour le filet courez bien vite
Chez la chanteuse ou le chanteur;
Le logeur seul vendra le gîte
L' marchand de vin donn'ra du cœur.
Pour un œil-de-bœuf il faudra
Vous adresser à l'architecte;
Un palais de bœuf vous délecte,
C'est encor lui qui l' fournira.
Ainsi chaque marchand se borne
A vendre un morceau de son goût...
Je ne vois guère que la corne
Qu'on trouvera toujours partout.
Ce sera fort original, etc.

TOUS.

Ce sera fort original, etc.

(*On entend des rugissements dans la coulisse.*)

TOUS, *effrayés*. Ah!

Air de la *Savonnette*.

Quel bruit épouvantable?
Empressons-nous de fuir!
Jamais un cri semblable
Ne vint à retentir.

(*Tous sortent en courant, excepté le Temps, 1852 et le Bon Sens.*)

SCÈNE VII.

LE TEMPS, 1852, LE BON SENS.

LE TEMPS, *entraînant* 1852. Suivons-les.

LE BON SENS, *les arrêtant*. Restez, et n'ayez aucune crainte... ce sont les animaux du boulevard du Temple dont les rugissements arrivent jusqu'ici.

LE TEMPS. Des animaux... je serais curieux de les voir.

1852. Et moi aussi... je n'ai pas encore vu de bêtes...

LE TEMPS. Ça m'étonne.

LE BON SENS. Venez donc... je vais vous y conduire...

ENSEMBLE.

Air des *Fileuses*.

Pour voir la ménagerie,
Il faut suivre le Bon Sens.
Nous y pourrons, je parie,
Trouver un gai passe-temps.

LE TEMPS.

Tigres, serpents à sonnettes,
Charmeront vos yeux surpris.

1852.

Quel bonheur de voir des bêtes!

LE BON SENS.

Ça n'est pas rare à Paris.

REPRISE, ENSEMBLE.

Pour voir la ménagerie, etc.

(*Ils sortent. — Le théâtre change.*)

FIN DU DEUXIÈME TABLEAU.

TROISIÈME TABLEAU.

Le théâtre représente la ménagerie du boulevard du Temple. On voit au fond trois grandes cages fermées par des rideaux.

SCÈNE PREMIÈRE.

LOULOU, CHARLOT.

CHARLOT. Loulou, tous les animaux sont-ils dans leurs cages...

LOULOU. Oui, monsieur Charlot... heureusement!

CHARLOT. Jeune poltron!

LOULOU. C'est vrai que je n'ai pas votre courage... à vous qu'on a surnommé Charlot le dompteur...

CHARLOT, *avec fatuité*. Il est de fait que je dompte assez proprement...

LOULOU. Proprement!.. Dites que vous travaillez en bêtes que ça en est une bénédiction... et vos animaux vous idolent... Faut voir!

Air de *Marianne*.

Les chacals vous rendent hommage,
Le tigre est pour vous caressant,
Et le serpent de mon village
Est moins doux que votre serpent.
Chaque lionne,
Soumise et bonne,
Vous traite, vous, tout comme son lion;
Le crocodile,
Souple et docile,
Semble pour vous tout plein d'affection.

CHARLOT.

Oui, je possède leurs tendresses,
Et je puis avouer aussi,
Qu'ils ne m'ont, vraiment, jusqu'ici,
Mangé... que de caresses.

LOULOU. Comment diable faites-vous?... moi j'ai voulu priver un serin...

CHARLOT, *riant.* Bah!

LOULOU. D'abord je l'ai privé... de nourriture... Devinez ce qu'il a fait? il est mort de faim... j'aimerais pourtant bien savoir dompter... je me dompterais moi-même...

CHARLOT. Est-ce que je ne suis pas là?

LOULOU. Oh! vous... vous n'y arriveriez pas... ma nourrice m'a toujours dit que j'étais indomptable. (*Il tire une pipe.*)

CHARLOT. Tu crois... donne-moi ta pipe.

LOULOU. Eh ben!.. et moi...

CHARLOT. Donne-moi ta pipe... (*Il lui donne des coups de cravache.*)

LOULOU, *très-soumis.* La voilà, monsieur Charlot... la voilà... (*A part.*) Je vais me faire une cigarette. (*Il tire son tabac.*)

CHARLOT. Passe-moi ton tabac...

LOULOU. Oh! pour ça...

CHARLOT. Tu refuses... (*Il lui donne des coups de cravache.*)

LOULOU. Aïe... aïe... (*Lui tendant son tabac de loin.*) Voilà...

CHARLOT. Plus près.

LOULOU, *s'approchant.* Voilà... voilà...

CHARLOT. Eh bien!.. te voilà dompté...

LOULOU. Tiens... c'est vrai...

CHARLOT. Ça n'est pas plus difficile que ça... (*On frappe.*)

LOULOU. On a frappé.

CHARLOT. Va ouvrir... et plus vite... ou je te redompte...

LOULOU. J'y vais... j'y vais... (*Il ouvre la porte.*)

SCÈNE II.

LES MÊMES, LE TEMPS, 1852, LE BON SENS.

LE TEMPS. Pardon, Monsieur, la ménagerie du boulevard du Temple? (*On entend un rugissement formidable, le Temps et 1852 reculent effrayés.*)

CHARLOT. N'ayez pas peur... c'est un de mes lions.

1852. Alors c'est bien ici...

CHARLOT. Seulement vous arrivez un peu tard... depuis près d'un an que nous sommes à Paris. Il fallait venir plus tôt...

LE BON SENS. Dame!.. ça lui eût été difficile... Mademoiselle est l'année 1852...

CHARLOT. L'année 1852... Loulou, des siéges à l'honorable compagnie...

LOULOU, *apportant vivement des siéges.* Voilà... voilà...

CHARLOT. Vous désirez voir mes animaux?

LE TEMPS. Oui... nous serions bien aises de faire leur connaissance...

CHARLOT. Je vais avoir l'honneur de vous faire une description de mes principales bêtes...

LE TEMPS. Il n'y a pas de danger, n'est-ce pas?

CHARLOT. Pas plus qu'au Jardin-des-Plantes... voici d'abord la cage aux lions. (*Loulou tire les rideaux. — On voit dans une des cages du fond, deux individus, ayant une mise des plus excentriques, et dont la tête seule est une tête de lion.*) Le lion est originaire du boulevard des Italiens. On le trouve le soir à l'orchestre des théâtres, et la nuit dans les cabinets particuliers des restaurants à la mode... Il est assez difficile à attraper, et il n'y a guère que les recors qui parviennent à le mettre en cage... on en possède une collection nombreuse à Clichy.

1852. Grand-papa, voyez donc, en voilà un qui me lorgne.

CHARLOT. Vous allez voir maintenant leurs épouses...

LE TEMPS. Ah! les lionnes. (*Loulou tire les rideaux de la deuxième cage. On aperçoit trois femmes avec des têtes de lionne, l'une est en toilette brillante, la deuxième en grisette, la troisième en vieille, elle porte un cabas et un vieux tartan.*)

CHARLOT. Voici d'abord la lionne du quartier Bréda... ses dents sont très-petites, mais très-dures... elle croque une fortune en quelques mois... du reste, elle est très-facile à apprivoiser.

1852. Ah! qu'elle est belle!

CHARLOT. Elle fume le cigare!.. (*Désignant la seconde.*) La lionne du quartier Latin... elle s'attache beaucoup plus facilement... elle fréquente la Closerie des Lilas et le Prado... elle joue au billard... et fume la cigarette.

LE BON SENS. Elle est très-gentille!

CHARLOT, *désignant la troisième.* La lionne du quartier Mouffetard... quelques naturalistes affirment que ce n'est qu'une transformation des deux espèces précédentes... elle tient un cabinet de lecture, ou tire le cordon... elle arrive à fumer la pipe.

LE TEMPS. Oh! celle-là ne me plaît pas beaucoup... j'ai bien envie d'aller lui donner une chiquenaude...

LE BON SENS. Si elle allait vous mordre!

LE TEMPS. Laissez donc... elle n'a plus de dents.

CHARLOT, *désignant, dans la troisième cage, deux individus en habit noir très-râpé, avec des têtes de vautour.* Nous avons ici deux vautours... Le vautour appartenant à la classe si nombreuse des usuriers... quand il tient un malheureux agneau dans ses serres, il ne le lâche plus qu'il ne l'ait complétement tondu...

LE TEMPS. Il lui mange la laine sur le dos...

LE BON SENS. Tant pis pour qui se laisse prendre. (*En ce moment les animaux s'agitent dans leurs cages, rugissent et passent leurs griffes à travers les barreaux.*)

1852, *effrayée.* Ah! grand-papa!

LE TEMPS. Qu'y a-t-il?

LE BON SENS. Vos animaux s'emportent.

CHARLOT. N'ayez pas peur... voici le moment intéressant... Loulou, ma corbeille?

LOULOU. Voilà, bourgeois... voilà.

CHARLOT. Je vais vous montrer comment je les dompte. (*Loulou apporte une grande corbeille, dans laquelle se trouvent les objets que Charlot va prendre.*)

Air des *Deux maîtresses.*

Attention.,. Voilà que je commence,
En quelques mots, je vais vous exposer
Comment j'ai pu, sans perdre patience,
Calmer leur rage et les apprivoiser.
De ces lions les cris sont formidables...
Voyez un peu comme ils montrent les dents,
Mais je m'en vais les rendre doux, affables.
En leur donnant des bottes et des gants.

(*Il prend dans la corbeille des bottes vernies et des gants blancs, qu'il met au bout d'un bâton, et qu'il passe à travers les barreaux. — Les lions se précipitent dessus, prennent les bottes et les gants, se calment, et tendent la main à Charlot qui la leur serre.*)

1852. Tiens! ils se calment.

CHARLOT.

Reprise de l'air.

Voyez ici la lionne écumante;
Elle veut mordre, elle rugit toujours.
Ce cachemire et ce coupon de rente
Changent sa griffe en patte de velours.

(*Charlot passe de la même manière à la lionne élégante un cachemire et un coupon de rente.— Elle se calme, et donne sa main à baiser à Charlot.*)

CHARLOT.

Reprise de l'air.

Pour ces deux-ci c'est la même recette...
Le procédé, Messieurs, est souverain.
Voyez... à l'une un morceau de galette,
Et puis à l'autre une cage à serin.

(*Les deux lionnes remercient, la grisette, en envoyant un baiser à Charlot, et la vieille en lui faisant une révérence.*)

LE BON SENS. C'est admirable!

CHARLOT.

Reprise de l'air.

Pour ces vautours, ah! c'est une autre affaire,
Ils sont tous deux riches comme Crésus,
Et cependant, pour calmer leur colère,
Il me suffit de ces deux sacs d'écus.

(*Il met ses deux sacs au bout du bâton, et les montre aux deux vautours.*)

Admirez tous leur regard qui s'allume;
L'aspect d'un sac fait tomber leur fureur.
Devant l'argent leur cœur sec se consume,
Si toutefois les vautours ont un cœur.
Enfin, j'ai là des serpents, des vipères...
Leur dent, parfois, vous déchire à plaisir...
Défiez-vous... car ce sont des portières,
De leur venin plus d'un eut à souffrir.
Pour terminer, voyez cette marmote,
De l'Institut c'était un auditeur...
Puis, ce canard monstrueux qui barbote,
De maints journaux il fut le rédacteur.
Vous avez tous admiré ma science;
En quelques mots j'ai pu vous exposer, etc.

REPRISE, ENSEMBLE.

LE BON SENS, LE TEMPS, 1852.

Nous avons tous admiré sa science;
En quelques mots il sut nous exposer
Comment il peut, sans perdre patience,
Calmer leur rage et les apprivoiser.

LE TEMPS, *prenant la main de Charlot.* Monsieur, vous êtes un homme très-fort...

LE BON SENS. Recevez nos félicitations...

1852. Et nos adieux.

CHARLOT. Vous partez?..

LE TEMPS. Oh! mais nous reviendrons vous voir la semaine prochaine...

CHARLOT. Je n'y serai plus... je pars aujourd'hui même pour la Californie...

LE BON SENS. Sur le bâtiment qui met à la voile au Havre, emportant les travailleurs que la loterie des Lingots d'or fait partir pour la Californie...

LE TEMPS. Ah! l'argent de la loterie sert à payer leur transport...

LE BON SENS.

Air : *Muse des bois.*

On n'en pouvait faire un plus noble usage;
Oui, cet argent que chacun apporta,
Sous d'autres cieux va rendre le courage
A des Français que le malheur frappa.
Que votre cœur, croyez-moi, se console,
Vous qui du sort n'eûtes pas la faveur,
Et sans regret, dites-vous : mon obole,
Si j'ai perdu, vient en aide au malheur.

1852. Oh! grand-papa... allons au Havre...

CHARLOT. Vous assisterez au départ du bâtiment...

1852. Nous verrons la mer...

LE TEMPS. Nous mangerons des crevettes... eh bien, soit! nous prendrons le prochain convoi...

LE BON SENS. A quoi bon aller au Havre... ce que vous désirez voir, je puis vous le montrer d'ici...

LE TEMPS. Malgré la distance...

LE BON SENS. Sans doute... tiens, regarde. (*Le décor change.*)

FIN DU TROISIÈME TABLEAU.

QUATRIÈME TABLEAU.

Le théâtre représente le Havre ; au fond on aperçoit la mer. — Le quai est couvert de monde qui regarde un bâtiment dont les voiles sont gonflées.

SCÈNE PREMIÈRE.

1852. Oh ! que c'est beau !

LE BON SENS. C'est le Havre... la population couvre les quais... les femmes, les enfants regardent en pleurant le navire dont les voiles se gonflent...

LE TEMPS. Adieu et bon courage aux travailleurs !..

Air des *Trois couleurs.*

Nobles amis, vous que l'ardeur entraîne,
Ah ! recevez l'adieu de notre cœur ;
Puissiez-vous tous, sur la rive lointaine,
Par le travail conquérir le bonheur !
Songez parfois au beau ciel de la France !
Que jusqu'à vous arrivent nos accents !
Adieu, partez, frères, bonne espérance !
La France au loin (*bis*) veille sur ses enfants.

(*On entend au lointain un chœur de femmes qui reprend :*)

Adieu, partez, frères, bonne espérance ;
La France au loin (*bis*) veille sur ses enfants.

1852. Le canon... (*Deuxième coup.*)

LE BON SENS. On lève l'ancre...(*Troisième coup.*) On part ! (*A ce moment le fond du théâtre s'anime, les femmes, les enfants agitent leurs mouchoirs. — Le canon continue, et tout le monde reprend en chœur.*)

Adieu, partez, frères, bonne espérance ;
La France au loin (*bis*) veille sur ses enfants.

(*Tableau.*)

FIN DU QUATRIÈME TABLEAU.

DEUXIÈME ACTE. — CINQUIÈME TABLEAU.

Le théâtre représente une rue.

SCÈNE PREMIÈRE.

LE TEMPS, 1852.

1852. Oui, grand-papa, je vous répète que nous aurions dû suivre le Bon Sens...

LE TEMPS. Mais ! puisqu'il nous rejoindra plus tard...

1852. Vous verrez que nous nous perdrons dans les rues de Paris...

LE TEMPS. Que veux-tu ?.. En traversant le pont des Arts, le Bon Sens a aperçu un grand monument qu'on appelle l'Institut... et il nous a dit qu'il fallait absolument qu'il y entrât...

1852. Pourquoi faire ?

LE TEMPS. Je ne sais pas... Il y a là une Académie.

1852. C'est égal...

Air de l'*Artiste.*

Perdre ainsi notre guide,
C'est fort triste, vraiment.
Est-ce lui qui préside
Dans ce grand monument ?

LE TEMPS.

Non pas !.. on y babille,
On y fait des discours ;
Mais le bon sens, ma fille,
N'y préside pas toujours.

1852, *regardant autour d'elle.* Mais où sommes-nous ?

LE TEMPS. C'est sans doute une rue nouvelle... Je n'y vois encore ni lanterne, ni écriteau qui indique son nom...

1852, *regardant au fond.* Ah ! voici du monde qui va nous renseigner... Ah ! regardez donc, grand-papa, les singulières coiffures !.. (*Entrent l'Huile, le Gaz et la Lumière Electrique. — L'Huile porte sur sa tête la boîte traditionnelle des nettoyeurs de reverbères.*)

SCÈNE II.

LES MÊMES, L'HUILE, LE GAZ, LA LUMIÈRE ELECTRIQUE.

Air du *Maréchal-ferrant.*

ENSEMBLE.

L'HUILE, LE GAZ ET LA LUMIÈRE ÉLECTRIQUE.

Reconnaissez ma puissance,
C'est moi que l'on choisira ;
Et je vous le dis d'avance,
La place me restera.

LE GAZ.

Cette rue est mon domaine ;
C'est moi qui l'éclairerai.

LA LUMIÈRE ÉLECTRIQUE.

Je veux qu'elle m'appartienne !

L'HUILE.

Moi, j'y suis, j'y resterai,
Et je vous en chasserai.

LE GAZ.

Ah ! vraiment !

LA LUMIÈRE ÉLECTRIQUE.

C'est charmant !

LE GAZ.

Me chasser!

LA LUMIÈRE ÉLECTRIQUE.

M'éclipser!

LE GAZ.

Toi, mauvaise huile à quinquet!

LA LUMIÈRE ÉLECTRIQUE.

Mais tu n'es qu'un paltoquet.

ENSEMBLE.

Malgré ce ton d'insolence,
Et malgré votre arrogance,
Tout ici cédera,
La place me restera. } *bis.*

LE GAZ. Moi, d'abord, je m'empare de cette rue....

L'HUILE ET LA LUMIÈRE ÉLECTRIQUE. Moi aussi... moi aussi...

LE TEMPS. Voyons... voyons... Pourquoi vous disputez-vous?

TOUS LES TROIS, *parlant ensemble*. Pourquoi nous nous disputons, je vais vous le dire : Figurez-vous, Monsieur...

LE TEMPS. Ah! mais ne parlez pas tous à la fois...

1852. Dites-nous avant tout qui vous êtes.

LE GAZ. Je suis le Gaz...

LA LUMIÈRE ÉLECTRIQUE. Moi, la Lumière électrique...

L'HUILE. Et moi l'Huile...

LE TEMPS. Je reconnais ce petit vieux, avec son chapeau traditionnel, et sa boîte de fer-blanc...

L'HUILE, *avec joie*. Vous me reconnaissez? Ah! mon cher monsieur!.. (*Il lui prend le bras.*)

LE TEMPS. Allons, bon!.. Une tache!.. et pourquoi vous asticotez-vous?

LE GAZ. N'avez-vous pas deviné que nous sommes en concurrence pour éclairer cette rue...

L'HUILE. C'est moi que ça regarde...

1852. L'Huile!

LE GAZ. Fi donc!

LA LUMIÈRE ÉLECTRIQUE. Un vieux saligot!

L'HUILE. Tant qu'il vous plaira..... mais ça n'empêche pas que c'est moi qui, pendant deux cents ans, ai alimenté tous les reverbères de la capitale... même qu'on m'en avait surnommé l'Apollon du reverbère... et je brillerais encore aujourd'hui si la rage des innovations ne m'avait dégommé, moi et mes lanternes...

Air de *Préville et Taconnet.*

Dans ce bon temps, époque des lumières,
Pour l'éclat, rien ne surpassait
Le feu brillant des anciens reverbères;
Le seul défaut, le seul qu'on y trouvait,
C'est que parfois le peuple les cassait.
Mais les gaillards n'en étaient pas plus ternes,
Paris était de lumière entouré...

LE TEMPS.

Pourtant, mon cher, le fait est avéré,
Puisqu'il cassait si souvent les lanternes
Le peuple alors était moins éclairé:
Puisqu'il cassait si souvent les lanternes,
Il devait être alors moins éclairé.

LE GAZ. Oui... et l'on n'y voyait goutte... grâce à toi...

L'HUILE, *saisissant le bras du Temps*. N'écoutez pas cet intrigant!

LE TEMPS, *le repoussant*. Encore une tache!.. Éloignez-vous...

LE GAZ. Enfoncé, l'huile!.. Le gaz à la bonne heure!.. parlez-moi de ça,. comme il reluit... comme il brille!.. Il faut voir mes rues, mes passages, mes boutiques éclairées au gaz. Il faut voir comme les vêtements de toute espèce, les bijoux de toutes valeurs, les homards, les dames de comptoir, les tableaux, les dents osanores, gagnent à être vus au gaz.

Air du *Fleuve de la vie.*

Je dois avoir la préférence,
Et sans peine les annuler;
D'ailleurs s'ils me font résistance,
Ils trouveront à qui parler.
Malheur cent fois à qui m'irrite,
Je suis très-brave!...

1852.

— Et cependant,
On m'a rapporté que souvent,
Le gaz prenait la fuite.

LA LUMIÈRE ÉLECTRIQUE. Certainement... Il se sauve toujours... Tous ses tuyaux sont crevés... et il devrait clore son bec.

LE GAZ. Imposteur!..

L'HUILE, *prenant le Temps par le bras*. Ils ne valent pas mieux l'un que l'autre.

LE TEMPS. Mais laissez-moi donc... Encore une tache!

LA LUMIÈRE ÉLECTRIQUE. Je ne vaux pas mieux que lui, moi? Mais, arrêtez-vous donc sur le boulevard Poissonnière, où tous les soirs je m'amuse à déguiser les arbres en mirlitons... ou si vous l'aimez mieux, entrez dans ma boutique d'habillements du boulevard Saint-Martin.

Arr : *J'en guette un petit.*

Chacun devant elle s'arrête,
Et mon éclat fait vendre des habits;
Car il n'est pas lumière plus parfaite.

LE GAZ.

Oui, l'autre soir, en passant je la vis.

LA LUMIÈRE ÉLECTRIQUE.

On l'apercevrait de dix lieues...

LE GAZ.

C'est vrai... Mais grâce à son reflet bleu-clair.
Sur le boul'vard cette boutique à l'air
De porter des lunettes bleues.

LA LUMIÈRE ÉLECTRIQUE. Tout cela n'empêche pas que c'est moi qui éclairerai ce quartier...

LE GAZ ET L'HUILE. Non, c'est moi.

LE TEMPS, *repoussant l'Huile*. Mais fichez-moi donc le camp... Encore une tache!

LE GAZ. Eh bien !.. puisque nous ne pouvons pas nous accorder, que le Temps décide entre nous... qui préfères-tu ?

LE TEMPS. A vous parler franchement... pas plus l'un que l'autre... vous êtes encore trop loin de la perfection...

Air du *Sénateur.*

Je voudrais une lumière
Plus vivace encor que vous,
Qui, se projetant sur terre,
Vint nous illuminer tous,
Qui fît voir clair aux époux,
Aux coquettes, aux jaloux !

LE GAZ.

Quell' lumière il faudra
Pour éclairer ces gens-là !
Pour éclairer tous ces gens-là !

LE TEMPS.

Même air.

Aux auteurs que l'on évince
Combien leurs écrits sont lourds !
Aux Mirabeaux de province
Qu'ils font d'ennuyeux discours !
Aux fauteurs de tous partis
Qu'ils ruinent le pays.

L'HUILE.

Quell' lumière il faudra
Pour éclairer ces gens-là !
Pour éclairer tous ces gens-là !

LA LUMIÈRE ÉLECTRIQUE. Vous avez beau dire, je porte un défi à toutes les lumières passées, présentes et futures...

LE GAZ ET L'HUILE. A toutes les lumières du globe !

SCÈNE III.

LES MÊMES, LE SOLEIL.

LE SOLEIL. J'accepte le défi !

TOUS. Le Soleil !

LE SOLEIL.

Air : *Ne raillez pas.*

Arrière ! arrière ! et craignez ma vengeance
Vous qui, gonflés d'un orgueil sans pareil,
Quand tout ici reconnait ma puissance,
Osez venir insulter le Soleil.
Qu'êtes-vous donc, lumières inutiles,
Vous dont l'audace ose me défier ?
Quoi ! vous régnez, dites-vous, dans les villes ?
Je règne aussi... mais sur le monde entier.
Quand j'apparais au printemps, pâle et blême,
L'enfant me dit sa première chanson,
Et le vieillard, qui me sourit et m'aime,
Vient se chauffer à mon premier rayon.
Sous mes baisers bientôt renait le monde ;
Feuilles, amours et gaîté dans les cœurs,
Tout reparait, et ma chaleur féconde
Couvre le sol de moissons et de fleurs.
D'adorateurs une troupe nombreuse
Vient chaque jour saluer mon réveil,
Et tous les soirs revient plus amoureuse,
Pour assister au coucher du soleil.
Moi je n'entends partout qu'hymnes de gloire,
Vous n'entendez, vous, que pleurs et sanglots ;
Tandis que moi j'éclaire une victoire,
Vous éclairez, vous, de sombres cachots.
Pourtant parfois comme vous j'y pénètre,
Mais moi j'apporte au malheureux reclus,
En me glissant par l'étroite fenêtre,
Un souvenir du ciel qu'il ne voit plus.
De ce rayon qui souvent le console,
A deux genoux, il bénit la faveur ;
Car le soleil pour tous c'est le symbole
De l'espérance et des jours de bonheur.
Arrière, arrière et craignez ma vengeance, etc.

ENSEMBLE.

LE TEMPS, 1852.

Arrière ! arrière ! et craignez sa vengeance,
Vous qui, frappés d'un orgueil sans pareil,
Quand tout ici reconnait sa puissance,
Osez venir combattre le Soleil.

SCÈNE IV.

LE TEMPS, 1852, LE SOLEIL.

LE TEMPS. Vous ne pouviez arriver plus à propos pour nous en débarrasser...

1852. Mais qu'avez-vous donc, monsieur le Soleil ? vous paraissez souffrant...

LE SOLEIL. Oh ! ce n'est rien, une indisposition légère causée par mon éclipse.

1852. Votre éclipse ?.. Grand-papa, qu'est-ce c'est donc qu'une éclipse ?

LE TEMPS. C'est comme qui dirait une malhonnêteté que la lune fait au soleil... Elle se place devant lui et lui montre son...

LE SOLEIL, *l'interrompant.* Son disque. Mais ça n'a pas altéré la force de mes rayons, et la preuve c'est que je suis en train de griller dix mille individus à la fois.

LE TEMPS. Où donc cela ?

LE SOLEIL. Aux Arènes nationales... place de la Bastille !

1852. Ah ! vous y faites des vôtres...

LE SOLEIL, *regardant au fond.* Demandez à cet habitué qui en arrive... moi, je vous laisse... (*A l'Huile et aux Lumières.*) Quant à vous...

REPRISE.

Arrière ! arrière ! etc.

(*Le Soleil, le Gaz, l'Huile et la Lumière électrique sortent.*)

1852. Grand-papa, voici le monsieur qui arrive des Arènes nationales.

LE TEMPS. Ah ! mon Dieu ! il a l'air de sortir de dessus le gril.

SCÈNE V.

Les mêmes, UN TITI.

LE TITI.

Air *de la Galopade.*

Ah! qu'il fait chaud (*ter.*)
Quand les Arènes
Sont pleines,
Ah! qu'il fait chaud! (*ter.*)
C'est comm' dans un réchaud.
Je pêche, en allant,
Un goujon au fond d' la rivière,
Avec lui, viv'ment
J'entre dans l'établissement.
J' le fourre sans bruit
Dans un' de mes poch's de derrière.
V'là qu' dans mon habit,
En sortant l' goujon était frit.

LE TEMPS.

Air de récitatif.

Ce que vous nous narrez, Titi peu vraisemblable,
Me parait, quant à moi, tellement incroyable,
Que nous vous supplions de nous raconter la
Représentation de ces Arènes-là.

1852.

Air : *A l'âge heureux de quatorze ans.*

Oui, ne faites pas de façons
Et soyez sûr, quoi qu'il arrive,
Qu'à votre récit nous allons
Prêter une oreille attentive.

LE TITI.

Votre désir est un ordre pour moi,
Et je vais, sans beaucoup de peine,
Vous raconter, ma princesse et mon roi,
Tout ce que l'on voit dans l'*Arène.*

Air : *Silence.*

Attention! Silence!
L'ouverture commence!
Ecoutez bien ces sons si frais;
La trompette en fait tous les frais.

Air de *Paillasse.*

D'abord un homme sans broncher,
Mont' sur un' mappemonde;
Il saute, et se met à marcher
Sur cette boule ronde;
On le voit courir,
On le voit bondir,
Il se trémousse, il roule;
En le regardant,
On a peur vraiment
Qu'il ne perde la boule.

Air : *On va lui percer le flanc.*

Mais on se perce le flanc,
Regardez ce combat sanglant :
Ce sont des lutteurs qui, v'lan!
S' flanquent un' chicorée!
La pile est serrée,
Ah! quelle purée!

Air du *Premier prix.*

A bûcher chaque main est prête!
Ils frappent de près ou de loin.
On voit pleuvoir les coups de tête,
On voit rouler les coups de poing.
Les malheureux!... c'est du délire!
Bref, telle est leur férocité,
Que le public entier désire
Voir mettre les poings... de côté.

Air de *Dagobert.*

Puis, dans un char brillant
Un' femme entre en se pavanant;
On dirait Vénus
Dans un omnibus...
On lui cri' : Qui qu' t'es?
Ell' répond Cérès!
J'entends dir' dans un coin
Que c'est la déesse du foin.

Air de la *Meunière.*

En effet le char est rempli
D'épis de tout' sorte;
A chaqu' pas épi sur épi,
Epis à la porte;
Par ces épis multipliés,
Nous disons tous, contrariés,
Le diable vous emporte,
Tas d'épis... sciés.

Air des *Bossus.*

Mais des sauteurs arrivent... tout exprès;
On tend un' corde, y s' suspendent après;
En regardant ces sauteurs étonnants,
Ces sots, qui font des sauts si saisissants,
Le spectateur aussi reste en suspens.

Air : *Ni vu, ni connu, je t'embrouille.*

Après les sauteurs
Viennent des coureurs;
Ils se suivent,
Se poursuivent.
On voit celui-
Là qui suit celui-ci
Ils courent, fuient, s'esquivent.
Tous achèvent, à qui mieux mieux,
L'étape;
Mais, hélas! personne d'entre eux
N' se happe;
Malgré leur jarret,
Ils n' s'attrapent pas... c'est
Le public seul qu'on attrape.

Air : *M. de la Palisse.*

Enfin, après tous ces tours,
Voilà qu'on termine
Par Arlequin et ses amours
Avec Colombine.

Air de *Carlo.*

On voit d'abord un Arlequin,
Un scélérat, un vrai pékin
Qui, tout en faisant le Pasquin,
S'en vient, avec un air taquin,
Lutiner dans son palanquin
Colombine, un minois coquin,
La pupille d'un vieux faquin
Aussi féroce qu'un requin.
Mais bientôt nous voyons Pierrot
Qui le surprend, et le maraud,
Malgré son visage penaud,
Entre eux deux se jette aussitôt;

Et sans prononcer un seul mot,
Ce Pierrot, qui n'est pas un sot,
Embrassant la belle chaud-chaud,
S'en donne à tire-larigot.
Survient Cassandre, un animal,
Le tuteur vieux et déloyal
Qui, s'emportant comme un brutal,
Trouble cet amour illégal.
Il chasse Arlequin, son rival,
Rosse le Pierrot peu moral,
Et la pantomime, au total,
Se termine tant bien que mal.

Air : *Récitatif.*

Le spectacle finit, ainsi que mon couplet.
La morale de ce que je vous chante... c'est

Air : *Cocu.*

Qu'aucu... qu'aucune arène
Jamais n' fut aussi pleine;
Qu'on y grill' sur son banc,
Et qu' c'est fort embêtant!

(*Il sort.*)

LE TEMPS. Mais tout ce qu'il vient de nous raconter là, il me semble que je l'ai déjà vu à l'Hippodrome... c'est le même spectacle... seulement il y fait plus frais...

VOIX DANS LA COULISSE. Ohé! les chicards! les flambards! ohé! les pierrots! ohé! (*La ritournelle de l'air suivant se fait entendre, et une nuée d'individus en pierrots et en pierrettes entrent en scène.*)

SCÈNE VI.

LE TEMPS, 1852, LE CARNAVAL EN ÉTÉ, PIERROTS ET PIERRETTES.

Air de *Paris au bal.*

LE CARNAVAL.

Par la folie
Que tout s'oublie,
Venez, enfants, ouvrir mon premier bal!
Pierrot, pierrette,
Que rien n'arrête,
Du gai piston entendez le signal.
(*Imitant le piston.*)
Tra, la, la, lère, etc.
Vous n'aurez plus désormais rien à craindre,
Du bal masqué j'éternise le cours;
Après l'hiver vous le verrez s'éteindre.
Mais pour renaître aussitôt les beaux jours.
Oui, sous l'ombrage,
Sous le feuillage,
Recommençant un tapage infernal.
Bientôt, j'espère,
L'année entière
Ne sera plus qu'un joyeux carnaval.

REPRISE.

TOUS.

A la folie!
Que tout s'oublie!

1852. Oh! des pierrots! des pierrettes!..

LE TEMPS. Ah! je te connais, beau masque!

LE CARNAVAL. Parole d'honneur?

LE TEMPS. Je te vois tous les hivers aux bals de l'Opéra.

LE CARNAVAL. Erreur, mon cher, je ne suis à Paris que de cette année...

LE TEMPS. Tu n'es donc pas le carnaval?

LE CARNAVAL, *ôtant son masque.* Si... mais le carnaval en été... On m'a vu pour la première fois au mois de juillet dernier faire mon entrée au Château-Rouge... en compagnie de ces messieurs et de ces dames que je vais avoir l'honneur de vous présenter... (*Les pierrettes ont des masques noirs, et les pierrots de faux nez qu'ils ôtent à mesure qu'on les nomme.*) Mademoiselle Taquinette! monsieur Larifla! mademoiselle Pirouette! monsieur Larifla! mademoiselle Pincette! et monsieur Troulala... Saluez donc, Troulala...

LE TEMPS, *les saluant tous.* Une société choisie!

1852. Un bal masqué en plein air, ça doit être charmant...

LE TEMPS. J'avoue que par une belle nuit d'été...

LE CARNAVAL. C'est superbe! demandez à Troulala! (*Troulala exprime que c'est ravissant.*)

LE TEMPS. Il est très-bien, ce monsieur Troulala...

LE CARNAVAL. Le carnaval en été, c'est remarquable, admirable, incomparable. C'est vingt fois... que dis-je? cent fois... mille fois mieux que le carnaval en hiver.

1852. Vraiment!

LE CARNAVAL.

Air des *Fifres.*

C'est ravissant! on peut m'en croire,
Ces bals masqués feront ma gloire.
Pour le plaisir, pour la gaîté,
Viv' le carnaval en été!

PIERROTS ET PIERRETTES.

C'est ravissant! on peut l'en croire,
Ces bals masqués feront sa gloire!
Pour le plaisir, pour la gaîté,
Viv' le carnaval en été!

LE CARNAVAL.

Ah! combien je suis fière
De mes bals en plein air;
Mais chacun les préfère
A mes fêtes d'hiver.
On n' craint pas les quinquets qui fument;
Les fleurs sont là qui vous parfument;
Au lieu d'un décor bien sale et bien vieux,
On voit les étoil's et l'azur des cieux.
C'est ravissant! on peut m'en croire,
Ces bals masqués feront ma gloire!
Pour le plaisir, pour la gaîté,
Viv' le carnaval en été!

PIERROTS ET PIERRETTES.

C'est ravissant! etc.

LE CARNAVAL.

Pas de loge discrète
Où l'on puisse causer;
Qu'importe! sur l'herbette
On va se reposer.
Puis, quand le jour est près d'éclore,
On s'en va voir lever l'aurore...
Époux vertueux,
Marchant deux à deux,
S'égarent parfois.
Jusqu'au fond des bois...
C'est ravissant! on peut m'en croire;
Ces bals masqués feront ma gloire!
Pour le plaisir, pour la gaîté,
Viv' le carnaval en été!

TOUS.

C'est ravissant! etc.

1852. Oh! grand-papa! que ça doit être gentil d'aller voir lever l'aurore... de se promener dans les bois de...

LE TEMPS, *l'arrêtant*. Eh bien! Mademoiselle! voyez-vous cette petite fille qui se lance!

1852.

Air: *Restez, restez, troupe jolie.*

Oui, je l'avoûrai sans mystère,
Rien n'eut plus de charmes pour moi.
Ce carnaval a su me plaire...

LE TEMPS.

Mais pour un enfant comme toi
Il est trop dangereux...

LE CARNAVAL.

Pourquoi?
Mon bal fut toujours, je vous jure,
Très-moral...

LE TEMPS.

Pourtant en été,
Un bal, vu la température,
Doit être un peu décolleté.

Mais comment se fait-il que tu sois seul, que ton inséparable ne soit pas avec toi...

1852. Qui donc?

LE TEMPS. Eh! parbleu! le héros de toutes ses fêtes... le boute-entrain de toutes ses nuits... le Quadrille...

LE CARNAVAL. Je l'ai laissé avec sa grand'mère et son bisaïeul... Ils sont entrés chez un écrivain public pour y faire rédiger une pétition.

LE TEMPS. Le Quadrille pétitionne.

1852. Et que demande-t-il donc?..

LE CARNAVAL. Il va te le dire lui-même... car le voilà...

SCÈNE VII.

LES MÊMES, LE QUADRILLE, LE MENUET, LA GAVOTTE.

LE QUADRILLE.

Air du *Bombardier.*

Je veux qu'au nom de nos lois,
A la frontière on l'accompagne;
Que pour son Espagne
Elle parte encor une fois.
Je ne crains pas sa fureur,
Qu'elle craigne plutôt ma vengeance,
Car son insolence
A jamais a blessé mon cœur.
Des bals moi seul, c'est justice,
Je suis roi;
J'entends que l'on obéisse
A ma loi.
Jamais, dans sa folle ivresse,
Son élan
N'aura le chic, la finesse,
Du Cancan.
Je veux qu'au nom de nos lois., etc.

1852. Ah! le joli petit jeune homme!

LE TEMPS. Veux-tu bien te taire... (*A part.*) La voilà déjà pincée... (*Au Quadrille.*) Monsieur, on ne vous eût pas nommé, que je vous aurais reconnu tout de suite.

LE QUADRILLE. A ma voix?..

LE TEMPS. Non... à vos... (*Il fait des gestes de cancan.*) Vous avez un petit air cancan.)

LE QUADRILLE. Voulez-vous bien vous taire?.. Je suis le Quadrille... honnête et modéré.

LE TEMPS. Mais ce vieillard et cette vieillarde qui vous accompagnent...

LE QUADRILLE. Ma grand'mère et mon bisaïeul.

LE TEMPS. C'est singulier... il me semble les reconnaître...

LE MENUET.

Air du *Menuet d'Exaudet.*

(*Dessinant le pas du menuet.*)

Vous devez,
Vous pouvez
Me r'connaître;
La ville et la cour,
Chacune à son tour,
M'eurent longtemps pour maître.

LE TEMPS.

Qu'il a l'air
Noble et fier!
Quelle taille!
Oui, vous êtes le Menuet
Qu'au temps jadis dansait
Versaille...

(*Ils achèvent l'air, en dansant le menuet.*)

LE TEMPS. Ah! je suis bien aise de vous revoir... mais cette dame... Il me semble la reconnaître aussi.

LA GAVOTTE.

(*Chantant, tout en dansant.*)

Air de la *Gavotte.*

Moi, je suis une danse
Que partout, en France,
Bien longtemps
Ont dansé petits et grands.

LE TEMPS.

Cet air me ravigote;

Je le connais...
Vous êtes la Gavotte
Que je dansais...

(*Il achève l'air en dansant avec la Gavotte.*)

1852. Le Menuet... la Gavotte et le Quadrille.

LE CARNAVAL. Les trois danses nationales de la France...

LE QUADRILLE. Qu'on voudrait détrôner cependant.

LE TEMPS. Qui donc serait assez hardi...

LE QUADRILLE. Une certaine danseuse espagnole qui, cette année déjà s'est emparée de deux ou trois de nos théâtres, sous prétexte qu'elle lance sa jambe plus haut que moi... et qu'elle relève ses cotillons par-dessus sa tête... Mais je les relève aussi... quand on me le permet...

LE TEMPS. Et elle croit te détrôner?

LE QUADRILLE. Elle l'espère... mais elle n'y réussira pas... Et pour commencer, voici une pétition, que nous venons de faire rédiger, mes grands parents et moi.

LE TEMPS. Pourquoi faire?

LE QUADRILLE. Mais pour qu'on refuse un permis de séjour à cette intrigante d'Espagnole...

LE TEMPS. Vous pensez réussir...

LE QUADRILDE. Certainement... (*On entend les castagnettes.*)

1852. Qu'est-ce que c'est que ça?

LE CARNAVAL. Des castagnettes...

LE QUADRILLE. Eh parbleu!... c'est elle, mon odieuse rivale!

SCÈNE VIII.

LES MÊMES, LA DANSEUSE ESPAGNOLE.

LA DANSEUSE.

Air de *Bolero* (Vautrin.)

Adieu, ciel bleu de mon Espagne,
Je te quitte, mais au revoir...
Ne faut-il donc pas que je gagne,
De l'argent!.. C'est là mon espoir,
Que j'en gagne!
Avec mes danses de l'Espagne!
Que la castagnette accompagne (*bis.*)
Bolero,
Gai fandango,
Et cachucha, et jaleo,
Danses folles, soyez toujours
Toujours, toujours,
Mes seules amours.
Tra, la, la, la, la, la, la, la, etc.

LE TEMPS. La charmante *hidalgote... Caraco.*

1852. Voilà donc ta grande ennemie...

LA DANSEUSE. Moi... l'ennemie de qui donc... Ah! le Quadrille. (*Elle lui tend la main, le Quadrille la lui refuse avec un geste de cancan.*) Tu m'en veux donc toujours... (*Allant amicalement vers le Quadrille.*) Voyons, mon petit Quadrille... de quoi te plains-tu?...

LE QUADRILLE, *faisant un geste.* Laissez-moi...

LA DANSEUSE. De ce que cette année, je suis montée sur certains théâtres où tu prétendais régner seul... Allons donc! sois bon prince!... Pourquoi m'en vouloir?.. N'y a-t-il pas place pour deux... et ne pouvons-nous, au lieu de nous diviser, régner ensemble.

Air de *Partie et revanche.*

De la Cachucha je suis fille,
N'es-tu pas son parent aussi?...
Resserrons nos liens de famille,
Enfin marions-nous ici.

TOUS.

Comment!

LA DANSEUSE.

— Oui, deviens mon mari;
Sur le royaume de la Danse
Nous régnerons malgré les envieux...

LE TEMPS.

Eux mariés! je frémis quand je pense
Aux enfants qu'ils auront tous deux.

LA DANSEUSE. Eh bien!... ça te va-t-il?...

LE QUADRILLE. Dame!.. vous êtes fort gentille... et puis ce serait le moyen de terminer notre querelle!

LE TEMPS. Alors, donnez-lui votre main...

LE QUADRILLE. Un instant... je ne suis pas majeur... il faut que je demande le consentement de mes grands parents... (*Le Quadrille et la Danseuse se prennent par-dessous le bras et s'avancent respectueusement du Menuet et de la Gavotte, qui se détournent d'abord puis qui se laissent fléchir à mesure qu'ils chantent.*)

LA DANSEUSE.

Air du *Menuet.*

Quand l'amour
En ce jour
Nous engage,
Par moi laissez-vous fléchir
Et veuillez bien consentir
A notre mariage...

LE QUADRILLE.

Air de la *Gavotte.*

Nous venons, ma chère
Et bonne grand'mère,
Vous prier
Ici de nous marier.

LE QUADRILLE ET LA DANSEUSE.

Point de disgrâce
Pour notre cœur!
Cedez, de grâce,
C'est le bonheur.

(*Le Menuet et la Gavotte résistent, puis ils s'attendrissent et finissent par les bénir. — Tout le monde a suivi cette scène avec anxiété.*)

LE CARNAVAL. Enlevé!

LE TEMPS. Chaud! chaud! mes enfants, pendant que nous y sommes... Où allons-nous faire la noce?

SCÈNE IX.

LES MÊMES, LA FOLIE-ASNIÈRES, LA FOLIE-MAYER *en garçon de bain.*

LA FOLIE-ASNIÈRES. Chez moi.

LA FOLIE-MAYER. Chez moi.

LE TEMPS. Quels sont ces personnages ?

LE CARNAVAL. Deux bals très-courus.

1852. Un garçon de bain qui tient un bal?

LE QUADRILLE. Oui... c'est la Folie-Mayer qui a métamorphosé les bains Vendôme en salle de danse.

LE TEMPS. Comment, ils ont fait un bal dans des bains?

LA FOLIE-MAYER. Certainement; on y trouve une première galerie,un pourtour... les baignoires manquent, par exemple... mais on a laissé les *seaux.*

1852. Et cette autre folie?

LA FOLIE. La Folie-Asnières... un endroit charmant... le rival du Parc et du Château d'Asnières... Je lui ai enlevé son cornet à piston, et je compte bien lui enlever sa vogue...

1852. Elle est charmante !

LE TEMPS, *à part.* Elle donne envie de faire des folies.

LA FOLIE-ASNIÈRES, *à la danseuse.* Je t'offre mes jardins, mon chalet, ma verdure...

LA FOLIE-MAYER. Je t'offre ma salle resplendissante de lumière... mon orchestre enlevant...

LA DANSEUSE. Laquelle choisir?

LE TEMPS. Moi, je vote pour Asnières, j'adore la matelote.

LA FOLIE-ASNIÈRES. A moi mon jardin.

(*Le décor change et représente un jardin de la Folie-Asnières.*)

FIN DU CINQUIÈME TABLEAU.

SIXIÈME TABLEAU.

La Folie-Asnières.

SCÈNE PREMIÈRE.

CHŒUR.

Air espagnol.

C'est un séjour digne des dieux!
Tout ici charme les yeux!
Dans ce jardin enchanteur
Doit habiter le bonheur.
Livrons-nous tous au plaisir,
Puisqu'il vient ici s'offrir.
C'est un séjour digne des dieux!
Tout ici charme les yeux!
Dans ce jardin enchanteur
Doit habiter le bonheur.
Livrons-nous tous au plaisir
Puisqu'il vient ici s'offrir. (*bis.*)

(*Après le chœur tout le monde se groupe.*)

1852. Je demande à ouvrir le bal avec la mariée.

LE TEMPS. Observe-toi... ne te laisse pas trop aller à ce petit diable de Quadrille.

1852. Ne craignez rien... Grand-papa. (*Danse.*)

TOUS. Bravo! bravo!... à la mariée.

(*La Danseuse danse un pas espagnol; à la fin tout le monde prend part à la danse, le Carnaval, les pierrots, les pierrettes, et la toile baisse sur une polka générale.*)

FIN DU DEUXIÈME ACTE.

ENTR'ACTE DU DEUXIÈME AU TROISIÈME ACTE.

SEPTIÈME TABLEAU.

Dans la salle.

SCÈNE PREMIÈRE.

(*Le rideau est à peine baissé après les danses, qu'on voit au premier rang d'une loge de la galerie un monsieur applaudir avec fureur, en criant.*)

LE TEMPS, *applaudissant.* Bravo!... Bravo!... (*Appelant*) L'Espagnole!.. l'Espagnole!.. (*Se penchant vers la claque.*) Aidez-moi donc, vous autres... L'Espagnole!.. l'Espagnole!..

TOUS LES CLAQUEURS, *criant et applaudissant.* L'Espagnole!.. l'Espagnole!.. (*La toile se relève, et l'Espagnole vient saluer le public.*)

LE TEMPS. Tous... tous... Bravo! bravo!.. (*A une ouvreuse qui est derrière lui.*) Le bouquet!.. vite le bouquet! (*L'ouvreuse lui passe un bouquet, qu'il lance sur la scène. La danseuse le ramasse, remercie, et la toile baisse.*)

L'OUVREUSE, *au Temps, qui applaudit toujours.* Pardon, Monsieur... c'est un franc!

LE TEMPS, *étonné*. Un franc !.. Quoi?

L'OUVREUSE. Le bouquet que vous avez jeté...

LE TEMPS. Ce n'est donc pas l'administration qui le paie?..

L'OUVREUSE. Non, Monsieur... C'est vous qui l'avez demandé...

LE TEMPS. Ordinairement c'est le théâtre... (*A un monsieur placé à son côté.*) N'est-ce pas, Monsieur?.. (*Le Monsieur se détourne.*) Après ça, allez le demander au concierge du théâtre, il vous le rendra...

L'OUVREUSE. Pas du tout!.. c'est un franc...

LE TEMPS. Un franc!.. un bouquet d'avant-hier... Voilà quatre sous... et c'est bien payé... (*A son voisin.*) J'en appelle à Monsieur? (*Le Monsieur se détourne d'un air vexé.*)

L'OUVREUSE. Mais non... c'est un franc!

LE TEMPS. Je m'en irais plutôt... Tenez, donnez-moi mon chapeau...

L'OUVREUSE, *lui présentant son chapeau.* Voilà!.. C'est quatre sous...

LE TEMPS. Quatre sous pour un chapeau! Je comprends encore!.. (*Il paie.*) Tenez, en voilà dix, rendez-m'en six.

L'OUVREUSE. Mais, non! c'est encore deux sous que Monsieur me doit... quatre pour le petit banc, et quatre pour le programme.

LE TEMPS. Comment! le petit banc!.. quel petit banc?

L'OUVREUSE. Celui qui est sous la banquette...

LE TEMPS. Mais je ne m'en suis pas servi... (*Au Monsieur.*) Est-ce que vous en avez un aussi?..

LE MONSIEUR, *se détournant avec humeur.* Eh! Monsieur!..

LE TEMPS. Et pour le programme... combien dites-vous?

L'OUVREUSE. Quatre sous aussi.

LE TEMPS. L'*Entr'acte* ne s'est jamais vendu que trois sous... J'en prends Monsieur à témoin... (*Au Monsieur.*) N'est-ce pas que l'*Entr'acte*...

LE MONSIEUR, *très-froidement.* Ah çà, Monsieur, aurez-vous bientôt fini... Je comprends qu'on mette des acteurs dans la salle pour amuser le public pendant les entr'actes... mais, ce que je ne comprends pas, c'est qu'un acteur se permette d'interpeller une personne qu'il ne connaît pas, comme vous le faites en ce moment... (*Le Monsieur se détourne.*)

LE TEMPS. Je vous demande pardon, Monsieur.

L'OUVREUSE. Vous ne voulez pas me donner deux sous?

LE TEMPS. Non.

L'OUVREUSE, *lui prenant son journal.* Eh bien! rendez-moi mon journal... (*Elle s'éloigne.*)

LE TEMPS. Ça m'est égal... Monsieur aura l'obligeance de me dire le nom des acteurs. (*A son voisin.*) Voudriez-vous me dire...

LE MONSIEUR, *se fâchant.* Oh! mais, à la fin, vous m'impatientez, Monsieur... Je ne souffrirai pas que vous me donniez plus longtemps en spectacle... (*Se levant.*) Je préfère m'en aller... mais vous aurez de mes nouvelles... Voici ma carte...

LE TEMPS, *lisant.* Duhamel, artiste peintre... Bah!.. (*Retenant le Monsieur qui va sortir.*) Duhamel!.. mais regarde-moi donc, ma vieille... Émile!.. Émile!.. Viltard!

LE MONSIEUR. Bah!... (*Le reconnaissant.*) Tiens! c'est vrai... Et nous ne nous étions pas reconnus!

LE TEMPS. Voilà cinq ans que nous ne sommes vus... Et puis tu as laissé pousser tes favoris...

LE MONSIEUR. Toi, tu as coupé tes moustaches... Tu joues donc toujours la comédie?..

LE TEMPS. Dame!.. il le faut bien... un peu... Et toi?..

LE MONSIEUR. Moi, je peins des *nuncioramas.*

LE TEMPS. Qu'est-ce que c'est que ça?

LE MONSIEUR. Des rideaux d'annonces pour les théâtres... tu vas en voir un ici... tout à l'heure.

LE TEMPS. Ah! vraiment... Et ne t'en va pas, tu me l'expliqueras... (*Ici descend, devant le rideau de manœuvres, un tableau d'annonces.*

FIN DU SEPTIÈME TABLEAU.

HUITIÈME TABLEAU.

Le rideau d'annonces.

SCÈNE PREMIÈRE.

LE TEMPS. Ah! c'est très-joli! je te fais mon compliment... Tu devrais envoyer ça à l'exposition... Laisse-moi regarder avec mon lorgnon... (*Lisant.*) « Théâtre des Délassements-Comiques. » Tu as bien fait d'annoncer ce théâtre..... Il y a des acteurs excellents..... des pièces ravissantes..... et un public choisi. (*Regardant le rideau.*) Oh! dis donc..... comment tu jures sur ton affiche...

DUHAMEL. Moi?..

LE TEMPS, *lisant.* Lebigre... rue Saint-Honoré.

DUHAMEL. C'est le nom du marchand.

LE TEMPS. Vraiment! Oh! que ça doit être gênant... Comprends-tu quand on s'adresse à sa femme... Madame... Monsieur votre mari est-il chez lui? Non, Monsieur... Lebigre n'est pas encore rentré...

(*Lisant.*) Naud, rue Saint-Honoré... Pendules garanties... Je parierais que c'est un horlorger... Ah! à propos..... sais-tu la différence qu'il y a entre un horloger et un poisson rouge?

DUHAMEL. Non.

LE TEMPS. Cherche.

DUHAMEL. Je ne trouve pas... Dis-le-moi, puisque tu le sais...

LE TEMPS. Si je le savais je ne te le demanderais pas... (*Lisant.*) Donnier, teinturier, passage Brady... Ah! je lui promets ma pratique. Ah! sais-tu la différence qu'il y a entre ce monsieur-là et un boxeur?

DUHAMEL. Tu veux encore m'attraper.

LE TEMPS. Non... sans blague... Eh bien! ce monsieur détache des habits, tandis que le boxeur détache des coups de poing... Ah! ah! *Aux Quatre-Parties du monde*, rue de Rambuteau... Tiens, c'est là que je me fournis... Ah! qu'est-ce que c'est que cette petite dame que tu as peinte au milieu?

DUHAMEL. Ah! ça c'est un rébus... Si tu le devines, viens me rejoindre au café Turc, et je te paierai une choppe. (*Il sort.*)

LE TEMPS. Vraiment! Ah! mon gaillard, attends; je vais te deviner ça... Une petite femme avec son panier... c'est une blanchisseuse... des notes au-dessous... c'est ça... une blanchisseuse qui va se faire payer ses notes... Hé! Duhamel! (*Il se lève et va pour sortir quand la contre-basse fait une note très-forte à l'orchestre. Il s'arrête.*) Hein! ça n'est pas ça... Ah! ce sont des notes de musique... (*A la contre-basse.*) Pardon, Monsieur, voudriez-vous avoir l'obligeance de me les jouer. (*La contre-basse s'accorde.*) Il accorde son instrument... preuve qu'il accorde ce que je lui demande. (*La contre-basse joue :* Voilà le plaisir, Mesdames, voilà le plaisir! *Reconnaissant l'air :* Voilà le plaisir.) Ah! j'y suis... Eh! Duhamel... (*Il sort. A l'ouvreuse.*) Madame, gardez-moi ma place, je reviendrai demain... (*Musique.*)

FIN DU DEUXIÈME ACTE.

TROISIÈME ACTE. — NEUVIÈME TABLEAU.

Le théâtre représente le boulevard extérieur; à gauche, un pan de muraille.

SCÈNE PREMIÈRE.

LE TEMPS, 1852, LE BON SENS.

LE TEMPS, *au Bon Sens.* Ma foi! mon cher ami, vous avez bien fait de venir nous rejoindre... sans vous, Mademoiselle danserait encore.

1852. Tiens, la danse, c'est amusant!

LE TEMPS. Ah çà, voyons... où sommes-nous?

LE BON SENS. Boulevard des Invalides, près de l'École-Militaire. (*On entend le tambour dans le lointain.*)

1852. Le tambour...

LE BON SENS. C'est que nous sommes dans le voisinage du Champs-de-Mars.

LE TEMPS. On y passe peut-être une revue...

1852. Si nous y allions?

LE BON SENS. Non... le Champs-de-Mars a autre chose à faire aujourd'hui que de passer des revues. Vois plutôt... (*Entrent deux Arabes poursuivis par le Champ-de-Mars.*)

SCÈNE II.

LES MÊMES, LE CHAMP-DE-MARS, DEUX ARABES.

LE CHAMP-DE-MARS.

Ais de *Tambour battant.*

Fuyez, je vous chasse;
Il faut déguerpir ;
Quelle insigne audace!
Oser m'envahir!
Oui, votre présence,
Sachez-le, morbleu!
M'indigne et m'offense;
Fuyez, ventrebleu!

ENSEMBLE.

LE CHAMP-DE-MARS.

Fuyez, je vous chasse, etc.

LE TEMPS, 1852, LE BON SENS.

Calmez-vous, de grâce ;
Pourquoi les bannir,
Et de leur audace
Vouloir les punir?

1852. Quel est donc ce personnage si en colère?

LE CHAMP-DE-MARS. Qui je suis?

LE BON SENS. C'est le Champ-de-Mars.

LE CHAMP-DE-MARS. Je m'en vante.

LE TEMPS. Oh! moi je vous ai reconnu tout de suite... J'ai vu de bien belles fêtes chez vous... Mais, pour le moment, vous me faites l'effet de donner la chasse à ces deux messieurs....

LE CHAMP-DE-MARS. Des messieurs, ça?.. vous êtes bien honnête... Dites des moricauds, qui m'ont envahi cette année, prétendant qu'ils arrivaient du fin fond de l'Afrique.

1852. Bah! ce sont des Bédouins?

LE BON SENS. Sans doute...

LE TEMPS. Le fait est qu'ils ont des frimousses... Et ils se nomment?

PREMIER BÉDOUIN. Aboul-Titi...

DEUXIÈME BÉDOUIN. Ben Coco.

PREMIER BÉDOUIN, *au Temps qui l'examine avec curiosité.* Yo-nok-gigoto-haricoto.

LE TEMPS. Tiens... c'est drôle... je comprends l'arabe... Il parle de gigot aux haricots... (*Au

Champ-de-Mars.) Mais cela ne nous dit pas ce qu'ils sont venus faire chez vous...

PREMIER BÉDOUIN. Petita fantasia.

1852. Une fantasia.

LE CHAMP-DE-MARS. Cela veut dire une course à l'instar de leur pays... Ils montent sur de petits chevaux, et galopent en tirant des coups de fusil en l'air.

LE TEMPS. Voilà tout?

LE CHAMP-DE-MARS. Pas autre chose.

Air : *On dit que je suis sans malice.*

On les voit, luttant de vitesse,
Galoper, galoper sans cesse...
Et le spectateur ébahi,
Les voyant galoper ainsi,
Dit en consultant son programme :
Ce ne sont pas là, sur mon âme,
Des exercices de galop,
Mais des exercices de trop.
Ces exercices sont de trop.

LE TEMPS. C'est égal! des Arabes, c'est curieux.

LE CHAMP-DE-MARS. Si c'étaient de véritables Arabes, je ne dirais rien... mais...

PREMIER BÉDOUIN. Arabo-Titi...

DEUXIÈME BÉDOUIN. Arabo-Coco...

LE CHAMP-DE-MARS. Arabo-Titi, Arabo-Coco, tant que vous voudrez... Mais tiens, prête-moi ton mouchoir... (*Le Champ-de-Mars prend le mouchoir du Temps, et en frotte la figure d'un des Arabes qui déteint.*)

1852. De faux Bédouins!

LE TEMPS. Bah!

LE CHAMP-DE-MARS. Sans doute! l'un est un charbonnier de la rue Charlot, et l'autre un choriste des Délassements-Comiques.

LE CHAMP-DE-MARS, *furieux.* Gredins!.. ils mériteraient...

PREMIER BÉDOUIN. (*Accent auvergnat, se sauvant derrière le Temps.*) Chauvez-moi... fichtra...

1852. Un Auvergnat!..

LE TEMPS. Parlant le charabia le plus pur...

LE BON SENS. Pourquoi, diable aussi, t'es-tu fait Bédouin?..

LE TEMPS. Laisse les vrais Arabes faire leurs exercices, retourne vendre tes cotrets.

1852, *au deuxième Bédouin.* Vous aussi, retournez à votre théâtre.

LE TEMPS. Et tâchez de chanter plus juste.

LE CHAMP-DE-MARS. Surtout, ne vous moquez pas plus longtemps de l'Algérie... parce que après tout...

Air : *Rifolet, sans qu'il s'en doute.*

C'est une noble conquête
Qu'on doit craindre d'avilir,
Et la France qui l'a faite
A droit de s'enorgueillir.
Quand le drapeau tricolore
En Afrique fut porté,
L'Arabe tremblait encore
Au grand nom de liberté.
Il combattait avec rage
Nos soldats qu'il décimait,
Et relevait son courage
En invoquant Mahomet.
La victoire l'abandonne :
Vaincu bientôt en tout lieu,
Il se soumet, et s'étonne
D' nous voir respecter son Dieu.
Dès ce moment-là tout change;
C'est bientôt entre eux et nous
Un continuel échange
Qui doit profiter à tous.
Sur son site pittoresque
Relevant ses vieux débris,
Alger, la ville mauresque,
Semble un faubourg de Paris.
L'Arabe, dans sa vaillance,
De notre gloire jaloux,
Se fait soldat de la France...
Le spahis marche avec nous.
Ils se mêlent à nos fêtes;
Nos bravos leur semblent doux :
On voit jusqu'à nos coquettes
Leur emprunter leurs burnous.
Le beau sol de l'Algérie
Devient pour nos travailleurs
Une seconde patrie
Qui console leurs douleurs.
Son ciel bleu toujours prospère,
Donne aux Français malheureux
Le pain que, dans leur misère,
Ils ne trouvaient pas chez eux.
C'est une noble conquête
Qu'on doit craindre d'avilir,
Et la France qui l'a faite
A droit de s'enorgueillir.

ENSEMBLE.

Pendant la reprise le Champ-de-Mars et les Bédouins sortent.)

SCÈNE III.

LE TEMPS, 1852, LE BON SENS, UN COLLEUR, LA FOULE.

LE TEMPS. Farceur d'Auvergnat!.. je ne m'étonne plus si je le comprenais quand il parlait arabe...

UN COLLEUR, *un pot à colle d'une main, son pinceau de l'autre.* Gare les taches...

Air :

La colle
Est mon élément;
Mon idole
C'est la colle.
J' possède le monopole
De tout c' qu'on colle
A présent.

De coller tout à la fois
J'eus toujours la gloriole ;
Jamais c' que j' colle
Ne s' décolle.

LE TEMPS.

C'est une colle, je crois.
La colle, etc.

LE TEMPS. Je ne connais pas cet homme, mais je parierais que c'est un colleur...

LE BON SENS, *riant*. Vraiment... eh bien ! tu ne te tromperais pas... c'est en effet un colleur d'affiches...

LE COLLEUR. Colleur breveté, oui, Monsieur.

LE TEMPS. Comment ! breveté !..

LE COLLEUR. Sans doute... est-ce qu'on n'invente pas tous les jours de nouveaux genres d'affiches... l'affiche coloriée... l'affiche illustrée... l'affiche en long, en large, en travers...

1852. On affiche donc beaucoup?

LE COLLEUR. Parbleu!

Air : *Poudre.*

On affiche (*bis.*)
Et toujours on affichera.
Sans l'affiche (*bis.*)
Jamais le commerce n'ira,
Mais on affiche sans cesse :
L'orateur ses opinions,
Le parvenu sa richesse,
Le fat ses prétentions.
On affiche, etc.
L'amour, qui souvent se blouse,
Affiche l'objet chéri,
L'amant affiche l'épouse,
Et l'épouse, le mari.
On affiche, etc.

LE TEMPS.

Si quelque jour, ma maîtresse
M'affichait par quelques torts,
A mon tour, je le confesse,
Je la ficherais dehors.
On affiche, etc.

LE TEMPS. Vous risquez fort de ne pas faire vos frais ici... il ne passe personne.

LE COLLEUR. Allons donc!.. vous allez voir... (*Il va coller des affiches à gauche, la foule entre.*)

CHŒUR.

LA FOULE.

Air de la *Reine de Chypre*.
Maintenant l'affiche
Quoiqu'au ton banal,
Du pauvre, du riche,
Devient le journal.
Voyons la nouvelle!
Comblant nos désirs,
Nous annonce-t-elle
De nouveaux plaisirs?

LA FOULE, *se pressant autour du colleur*. Ne me poussez donc pas! laissez-moi lire.

LE TEMPS. Il avait raison... voici la foule. (*Entrent deux hommes comme on en voit sur le boulevard, portant des affiches en bois, sur lesquelles on lit :* FAMILLE CHINOISE. *Ils traversent im passiblement le théâtre à l'avant-scène.*)

1852. Oh ! qu'est-ce que c'est que ça?..

LE BON SENS. Ce sont des annonces ambulantes...

LE TEMPS, *lisant :* « Famille chinoise... rue Vivienne... »

1852.

Air de *madame Favart.*

En plein Paris trouver ainsi la Chine,
Ah! c'est vraiment prodigieux!
Et ces Chinois-là, j'imagine,
Doivent être fort curieux.

LE TEMPS.

Oui ; cependant quelqu'un m'a dit, ma chère,
Que, goûtant peu ce spectacle nouveau,
A ces Chinois le Parisien préfère
Certains chinois de la mère Moreau.

LE COLLEUR, *désignant les affiches ambulantes.* Tas de charlatans!

LE TEMPS, *au colleur*. Ah! le fait est, mon bonhomme, que vous voilà enfoncé.

LE COLLEUR. Moi?

1852. La foule s'éloigne... et vous abandonne.

LE COLLEUR. Laissez donc... je la repincerai quand je voudrai... j'ai en réserve un nouveau genre d'affiches... vous allez voir... (*Une grande affiche sort de dessous terre, on lit en très-gros caractères :*)

BLANCS, BLEUS ET ROUGES, SOYONS UNIS FRANCHEMENT SOUS LE MÊME DRAPEAU.

LE COLLEUR, *désignant la foule qui accourt lire l'affiche*. Que vous disais-je ?

1852. Je le crois bien, une affiche politique, ça pique la curiosité...

LE COLLEUR. Ça de la politique ?...

LE TEMPS. Mais sans doute... (*Lisant.*) « Blancs, bleus et rouges, soyons unis franchement sous le même drapeau. » (*Parlé.*) Si vous n'appelez pas ça de la politique...

LE COLLEUR. Lisez donc tout...

1852. Tiens! c'est vrai... il y a des lignes imprimées en toutes petites lettres...

LE TEMPS, *écartant la foule*. Voulez-vous permettre... (*La foule s'éloigne, et il lit l'affiche suivante :*)

Pantalons BLANCS, pour la ville; Pantalons BLEUS, pour la garde nationale ET Pantalons ROUGES, pour la troupe de ligne ; Gilets en SOYe, caleçONS rayés ou UNIS, chaque pièce un FRANC. HabilleMENT complet à 50 SOUS, confectionnés avec LE MÊME DRAP à carrEAU.

1852. Mais c'est une attrape !...

LA FOULE Oui... oui...

LE COLLEUR. Que m'importe! pourvu que vous ayez lu mes affiches...

LE TEMPS. Voilà votre unique affaire... Eh bien?..

Air d'*Ielva.*

Oui, cette affiche, il faut que je le dise,
Est à mes yeux un' mauvaise action.
Pour débiter ici leur marchandise,
Ces gens-là font appel à l'union.
Sachez-le bien, vous êtes tous blâmables ;
Ces sentiments qu'on vous voit invoquer,
Ces sentiments pour tous sont respectables ;
Cessez donc de vous en moquer (*bis.*)

LE BON SENS. Heureusement que je suis là pour faire justice de tout cela.

LE TEMPS. C'est vrai !... Le Bon Sens...

LE COLLEUR. Ça ne m'empêchera pas de chanter.

(*Reprise de l'air d'entrée.*)

Je colle, etc.

(*Il sort. — La foule le suit.*)

SCÈNE IV.

LE TEMPS, 1852, LE BON SENS.

LE TEMPS. Que diable a-t-il pu coller là? (*Il va au mur de gauche.*)

1852, *lisant.* Ballon à l'Hippodrome!

LE TEMPS. Au Champ-de-Mars!

1852. Aux Arènes-Nationales.

LE TEMPS. Trois ballons à la fois... Est-ce possible?

LE BON SENS. Pourquoi pas... ballons, parachutes... On ne s'est occupé que de cela cette année...

LE TEMPS. Vraiment!

LE BON SENS. Et tenez... si vous voulez savoir tout ce qui s'est fait en ce genre, suivez-moi...

1852. Où donc?

LE BON SENS. Dans le royaume des Vents.

1852. Est-ce bien loin?

LE BON SENS. Non!

LE TEMPS. Eh bien ! en route pour le royaume des Vents!...

ENSEMBLE.

Empressons-nous de nous rendre
Dans le royaume des Vents,
Et partons sans plus attendre,
Économisons le temps.

(*Ils sortent.*)

(*Le décor change et représente le royaume des Vents.*)

FIN DU NEUVIÈME TABLEAU.

DIXIÈME TABLEAU.

SCÈNE PREMIÈRE.

LES QUATRE VENTS, *puis* LE TEMPS, 1852 ET LE BON SENS.

(*Au lever du rideau, les Quatre Vents couchés sur des nuages, dorment aux quatre coins du théâtre.*)

LE TEMPS, *à la cantonade.* Attendez, je vais devant... Des nuages, ce doit-être ici... Ah!.. du monde... les Vents sans doute... (*Au premier vent, qui lève la tête en se réveillant.*) Pardon, Monsieur...

LE PREMIER VENT. Pouh!... (*Il souffle avec violence, et envoie le Temps, qui tourne sur lui-même dans la direction du deuxième vent; celui souffle à son tour, et lance le Temps contre le troisième qui, en soufflant le renvoie au quatrième, etc. Le Temps veut fuir, mais les vents se lèvent en soufflant tous à la fois, de manière à le faire tourner sur lui-même. Le Temps se cache la figure avec les mains.*)

LE TEMPS. Assez... assez... mais assez donc!.. Ils me font jouer aux quatre coins et c'est moi qui suis le...

TOUS. Un étranger!...

PREMIER VENT. Qui est-ce qui ose pénétrer dans le royaume des Vents?.. (*Il tousse.*) Hou ! hou! hou!

LE TEMPS, *reculant.* Prenez donc garde... Ah! je suis dans le royaume... (*Les vents recommencent à souffler.*) Finissez donc !...

TROISIÈME VENT, *avec une extinction de voix.* Nous direz-vous enfin qui vous êtes?

QUATRIÈME VENT. (*Celui-là ne peut plus parler du tout et ne s'exprime que par gestes.*)

LE TEMPS. Qui je suis?.. je suis le Temps...

TOUS, *avec empressement.* Le Temps!

LES QUATRE VENTS, *offrant chacun un nuage et parlant toujours, le premier avec sa voix cassée, le second enroué, le troisième avec une extinction de voix, et le quatrième par gestes.*) Donnez-vous la peine de vous asseoir... (*Ils toussent, le Temps recule.*)

LE TEMPS. Bon ! encore une quinte! Est-ce que les vents auraient la grippe?

PREMIER VENT. Le Temps dans notre domicile!.. et nous qui ne l'avions pas reconnu...

LE TEMPS. J'avoue que moi-même en vous voyant...

DEUXIÈME VENT. Vous trouvez que les Vents ont changé, n'est-ce pas?

LE TEMPS. Je le crois bien, vous qu'on représente si joufflus.

LES QUATRE VENTS, *soupirant.* Ah!

LE TEMPS Ne soupirez pas si fort... vous allez me déraciner. Dites-moi plutôt qui a pu vous mettre dans cet état...

PREMIER VENT. Comment!... vous ne l'avez pas deviné!... mais les ballons, mon ami, les ballons! Il nous a fallu les enlever à l'Hippodrome... au Champ-de-Mars... aux Arènes-Nationales...

LE TEMPS. Que d'enlèvements!.. c'est à en devenir poussif...

PREMIER VENT. Nous le sommes... plus de souffle! (*Il souffle faiblement.*) Nous avons beau manger des soufflés de toutes espèces... soufflé au riz... soufflé à la vanille... omelette soufflée...

QUATRIÈME VENT, *fait le geste de manger...*

PREMIER VENT. Tout nous rate!.. jusqu'au mou de veau... (*Se fouillant.*) Tiens! on m'a soufflé ma boîte... qui est-ce qui a fait ce vol... au vent?.. Ah! la voilà!

LE TEMPS. Pauvres vents!

PREMIER VENT. Dégommage complet!

Air de l'*Antiquaire.*

Nous sommes éreintés,
Déconfits, esquintés,
Chaque, vent essoufflé,
Se repent d'avoir trop soufflé.
Trois fois, hélas! oui, trois fois par semaine,
Il faut d'en bas qu'à force de poumons
Nous enlevions leurs ballons par centaine,
Et des ballons... gros comme des maisons.
Soufflez, soufflez toujours,
Nous dit-on, tous les jours,
Soufflez, surtout, bons vents,
Ne nous laissez pas en suspens.
Pour augmenter le poids, dans leurs nacelles
Ils fourrent tout... des ânes, des chevaux.
Des éléphants, des bœufs, des demoiselles,
Des amateurs... Bref, un tas d'animaux.
Aujourd'hui, l' croirait-on,
Les gens du meilleur ton
Achètent, à prix fou,
Le droit de se casser le cou;
Et nous voyons, quelles bizarreries!
Abandonnant tout ce qui leur est cher,
Au lieu d'aller flâner aux Tuileries,
Les Parisiens aller flâner dans l'air.
Ce n'est pas tout encor,
Reprenant notre essor,
Pour comble de malheurs,
Il nous fallut souffler ailleurs.
Il nous fallut souffler les parachutes...
Mais nos efforts, hélas! sur ce point-là,
N'ont pas toujours su prévenir les chutes...
Ministre, auteur, plus d'un vous le dira.

ENSEMBLE.

LES VENTS.

Nous sommes éreintés, etc.

LES AUTRES.

Ils sont tous éreintés, etc.

PREMIER VENT. Aussi, c'est décidé... à partir d'aujourd'hui, nous ne soufflons plus personne.

LES AUTRES VENTS. Non... non... personne.

PREMIER VENT. Je donnerai plutôt ma démission de vent... quitte à me mettre ophycléide dans la garde nationale.

LES AUTRES VENTS. Nous aussi...

LE TEMPS. Vraiment, et moi qui comptais sur vous pour nous transporter en ballon à l'exposition de Londres, moi, ma petite-fille et le Bon Sens.

LES QUATRE VENTS. Bah!

PREMIER VENT. Oh! mais c'est bien différent!.. nous n'avons rien à vous refuser à vous. Et, en votre honneur, nous soufflerons encore une fois.

LE TEMPS. Vraiment?.. alors je vais appeler ma société. Par ici, le premier nuage à droite et la seconde bande d'air à gauche, vous y êtes. (*Entrent le Bon Sens et 1852.*)

PREMIER VENT. Où est votre ballon?

LE BON SENS. Voici. (*Il fait un geste, et l'on voit descendre sur la scène un énorme ballon, dont on n'aperçoit que la nacelle et la partie inférieure; le reste est censé se perdre dans les frises.*)

PREMIER VENT. Montez... les quatre vents sont à vos ordres. (*Les vents mangent du mou de veau, pendant que 1852, le Temps et le Bon Sens s'installent dans la nacelle. — Il s'essaie à souffler*) Ah! les forces me reviennent... je me remplume... (*Il souffle.*)

DEUXIÈME VENT. Bon voyage!

LES QUATRE VENTS.

ENSEMBLE.

Air: *Hisse, hisse.*

Souffle (*bis*), et pas de naufrage!
Souffle (*bis*), il faut se hâter,
Souffle (*bis*), adieu, bon voyage,
Souffle (*bis*), sans arrêter...

(*Pendant la reprise, les vents rentrent dans la coulisse; le ballon s'élève de manière à ne plus laisser voir que la nacelle, qui est ainsi suspendue en l'air. A ce moment la toile du fond commence à descendre et laisse voir le panorama de Paris à Londres.*)

FIN DU DIXIÈME TABLEAU.

ONZIÈME ET DOUZIÈME TABLEAU.

Panorama de Paris à Londres.

TREIZIÈME TABLEAU.

Le Palais de Cristal.

Le théâtre représente la façade du Palais de Cristal.

SCÈNE PREMIÈRE.

LE TEMPS, 1852, LE BON SENS, *ils ont tous les trois quitté la nacelle, le ballon remonte et va se perdre entièrement dans les frises.*

1852. Comment!.. nous voilà déja en Angleterre?

LE BON SENS. Oui, et nous ne pouvions arriver plus à propos : C'est aujourd'hui que se réunissent ici toutes les nations qui ont concouru à l'exposition de Londres. Elles viennent pour recevoir les médailles qu'elles ont méritées...

1852. Cette musique !...

LE BON SENS. Ce sont elles qui arrivent. *(Le cortége défile; chaque nation est représentée par un personnage portant une bannière en soie blanche sur laquelle est écrit, en lettres d'or, le nom du pays qu'il représente. Après le défilé, toutes les nations sont venues se ranger des deux côtés du théâtre. Un personnage allégorique, debout sur un piédestal, apparaît au fond.)*

LE BON SENS. Regardez !

1852. Quel est ce personnage?

LE BON SENS. C'est le génie du Commerce qui vient couronner la nation qui a mérité le plus de médailles.

LE GÉNIE.

STANCES.

Depuis assez longtemps le temple de mémoire
Consacra les héros qu'enfanta la victoire,
Un autre Panthéon devait, splendide et fier,
A l'Industrie ouvrir les portes de l'histoire,
Car le dieu du commerce est frère de la gloire,

Puisqu'avec un peu d'or, on peut forger du fer.
Dieu dit aux nations : — Plus de luttes, de guerres!
Que du Nord au Midi tous les peuples soient frères !
Que l'olivier fleurisse au terrestre portail !
Déposez votre foudre, endormez la mitraille!...
Et les peuples soumis de leurs champs de bataille
Font un vaste champ de travail.

Et tous ils prennent part à cette lutte immense!
Et tous d'être vainqueurs se disent sûrs d'avance;
Mais la France paraît!... Triomphe sans pareil !
Devant son vif éclat, sa splendeur infinie,
On voit s'évanouir leur impuissant génie
Comme un épais brouillard aux rayons du soleil.

France, berceau des arts, souveraine du monde,
Dont le feu créateur, la lumière féconde
Doivent éclairer l'univers,
France, reçois de moi ces palmes glorieuses,
Vers lesquelles ici se tendent, envieuses ,
Les mains de cent peuples divers !

(Pendant que le Génie couronne la France, des flammes de bengale s'allument, les bannières s'agitent et le rideau baisse sur la reprise du chœur.

FIN DU TROISIÈME ACTE.

QUATRIÈME ACTE. — QUATORZIÈME TABLEAU.

Le théâtre représente un petit salon chez le Bon Sens, porte au fond ; à droite, une table avec plumes, papier, etc., etc.

SCÈNE PREMIÈRE.

LE BON SENS, DOMESTIQUE. *Le Bon Sens est assis devant la table et cachète des lettres.*

LE BON SENS. Ces lettres aux différents théâtres de la capitale.

LE DOMESTIQUE, *annonçant.* Monsieur le Temps, et mademoiselle l'Année 1852. *(Le domestique sort.)*

SCÈNE II.

LE BON SENS, LE TEMPS, 1852.

LE TEMPS, *regardant autour de lui.* Mazette! quel raffinement, quelle élégance!

1852. Ah! nous vous retrouvons enfin: savez-vous que nous avons parcouru presque tout Paris avant de vous découvrir ?

LE BON SENS. Vraiment!..

LE TEMPS. Nous avons été dans les environs de la Bourse... dans le quartier des commerçants, dans le noble faubourg, dans l'arrondissement des lorettes... et cœtera, partout même réponse. Le Bon Sens, s'il vous plaît?... connais pas.

1852. Enfin, maintenant, nous arrivons de Neuilly.

LE BON SENS. De Neuilly?....

LE TEMPS. Tout le long... le long... le long de

la rivière. Nous venons de voir lancer la frégate-école.

LE BON SENS.

Air de *Vadé.*

Quoi! sur la Seine une frégate!
Ell' jadis au rang des ruisseaux;
Grâce à cet honneur qui la flatte,
Devient un fleuve des plus beaux.

LE TEMPS.

Oui, c'est un fleuve des plus beaux:
On dit qu'à la saison prochaine,
Pour lui donner tout à fait l'air
Et l'importance d'une mer,
On doit y lancer un' baleine.

1852. Mais comme nous avions assez de ce spectacle maritime, nous sommes venus prier notre ami le Bon Sens de nous en montrer un plus intéressant.

LE TEMPS. Un spectacle comique, dramatique ou fantastique; à votre goût...

LE BON SENS. Vous arrivez parfaitement, tous les théâtres doivent se rendre aujourd'hui chez moi pour que je décide quel est celui d'entre eux qui a mérité le prix...

1852. Comment, on a institué un prix?...

LE BON SENS. Pour la pièce la plus morale de l'année; et c'est une sage pensée...

Air de *Préville.*

Le théâtre depuis longtemps
S'est fait l'apôtre du scandale,
Pour son honneur, enfin, il est bien temps
Qu'il respecte un peu plus les lois de la morale.
Avec ce prix, on peut y parvenir.
Ne craignez pas qu'un jour on le décrie,
Car épurer la scène et l'ennoblir,
C'est conserver l'honneur de la patrie.

1852. Et on ne pouvait prendre un juge meilleur que le Bon Sens.

UN DOMESTIQUE. Les théâtres sont assemblés au salon et demandent M. le Bon Sens...

LE TEMPS ET 1852. Allons au salon...

LE BON SENS. Ou plutôt que le salon vienne à nous... (*Il fait un geste.—Le décor change.*)

FIN DU QUATORZIÈME TABLEAU.

QUINZIÈME TABLEAU.

Le palais d'Azur.

SCÈNE PREMIÈRE.

LE BON SENS, 1852, LE TEMPS, LA PEAU DE CHAGRIN, LE MONSTRE, L'OURS, SATAN.

(*Chaque personnage a le costume de la pièce qu'il représente, et porte un transparent sur lequel est peinte la principale scène de l'ouvrage.*)

CHŒUR.

Air du *Portrait du Diable.*

Nous sommes les théâtres
Qu'on admire à Paris:
Sérieux ou folâtres
Nous obtiendrons le prix.

1852. Ah! voici les concurrents...

LE TEMPS. Quels étranges costumes! et que portent-ils donc là?

LE BON SENS. Leur transparent...

LE TEMPS. Leur transparent... qu'est-ce que c'est que cela?

LE BON SENS. C'est un morceau de papier huilé, très-gras, très-malpropre, sur lequel on dessine d'une manière affreuse, la moins mauvaise situation d'une pièce... on l'éclaire ensuite avec plusieurs quinquets fumeux et on l'accroche au-dessus de la porte du théâtre.

LE TEMPS. Pour attirer les badauds...

LE BON SENS. Précisément; et on ne s'en est pas privé cette année...

Air de *Sommeiller.*

Cette averse fut sans égale,
On ne voyait que des tableaux
Représentant la scène principale
De tous les ouvrages nouveaux.
En les rencontrant sur leur route,
Les passants tout haut s'en moquaient.

1852.

Ils ont dû rapporter...

LE TEMPS.

Sans doute...
Aux peintres qui les fabriquaient.

LE BON SENS. Voici d'abord le monstre et le magicien.

LE TEMPS. Ah! le *Monstre et le Pharmacien*, j'ai vu ce drame-là aux Délassements-Comiques... A la bonne heure! voilà une pièce bien écrite, d'un goût exquis... d'une distinction de langage...

LE BON SENS. Ce n'est pas le pharmacien, c'est le magicien. Le monstre et le magicien...

Air: *Un homme pour faire.*

On recréa le magicien
Qui créa le monstre vert-pomme.

1852.

Un monstre!

LE BON SENS.

Mais ne crains donc rien,
Ce monstre est un excellent homme.
Quoique monstre, c'est reconnu,
Il est comique...

LE TEMPS.

J' t'en fiche.
Comique comme l'Ambigu,
Qui ne l'est que sur son affiche.

LE BON SENS. Passons maintenant à l'Ours du Cirque.

LE TEMPS. Je l'ai beaucoup entendu grogner...

Air : *Château perdu.*

Pardonnez-moi, si contre lui je murmure,
Mais j'ai trouvé ce drame des plus lourds,
Et si j'avais un enn'mi, je vous jure,
Pour me venger je l'enverrais à l'Ours.
En le voyant, j'eus beau m' creuser la tête,
J'eus beau vingt fois consulter mon journal,
J' n'ai jamais su lequel était l' plus bête,
Ou de la pièce ou bien de l'animal.

1852. Si le Cirque n'a eu que cet ours-là...

LE BON SENS. Oh! il en a eu encore un autre... Les *Quatre parties du monde...*

LE TEMPS. Les *Quatre parties du monde.*

LE BON SENS.

Air : *J'ai vu le Parnasse*

Le théâtre, pour cette pièce,
Loin de redouter un revers,
Espérait qu'on viendrait sans cesse
Des quatre coins de l'univers.
Mais la vogue s'est ralentie,
La pièce a trompé son espoir,
Le directeur n'eut qu'une partie
Du monde... qu'il croyait avoir...

1852. Quel est ce petit jeune homme?

LE BON SENS. *Satan* ou le *Diable à Paris...* Un petit démon qui a fait un bruit d'enfer...

1852. Et ce grand mal peigné...

LE BON SENS. La *Peau de chagrin...* un roman qu'ils ont mis en pièces.

LE TEMPS. Comme ils ont fait de tant d'autres chefs-d'œuvre de Balzac...

Air de *Votre bonté.*

A quel succès pouvaient-ils donc prétendre?
C'est un miroir que l'on devait tenir.
Espéraient-ils en remuant sa cendre
Qu'un phénix allait en sortir?
Sous un grand nom abritant leurs bannières,
Pourquoi marcher dans le même sentier,
Et de quel droit viennent-ils en plagiaires,
Mêler leur cuivre à l'or du romancier?

LE BON SENS. Place maintenant à un des grands succès de l'année... *Marthe et Marie.*

SCÈNE II.

LES MÊMES, MARTHE, MARIE, *portant chacune un if...*

ENSEMBLE.

Air :

Ecoutez tous en peu de mots
L'émouvant récit de nos maux,
Et vous pousserez des sanglots
Comme des veaux.

(*Après le chœur Marthe et Marie sortent suivies des théâtres.*)

1852. Comment! elles ne disent rien... et je veux leur demander...

LE TEMPS. C'est inutile... je vais vous expliquer la pièce que j'ai vue le mois dernier... même que j'ai été dans l'orchestre des musiciens...

LE BON SENS. Vu l'affluence du public?..

LE TEMPS. Non... il n'y avait personne, mais l'Ambigu aime beaucoup qu'on aille dans l'orchestre des musiciens... figurez-vous, mes enfants...

LE BON SENS. Est-ce que ça durera longtemps?

LE TEMPS. Cinq petites heures...

LE BON SENS. Oh! alors, faites-nous-en grâce...

1852. Dites-nous seulement ce que signifient ces ifs qu'elles tiennent...

LE BON SENS. Ah! c'est comme les gardes municipaux qu'on mettait à la porte...

LE TEMPS. C'est pour amorcer le public, et faire croire à l'affluence.

LE BON SENS.

Air : *Jadis et aujourd'hui.*

A la porte on met cette garde,
Mais l' public, malgré leurs efforts,
En voyant la garde, regarde,
Et reste à regarder dehors,
Quant aux ifs il fallait sans cesse,
En avoir six... c'est positif.

1852.

Pourquoi donc?

LE BON SENS.

Afin que la pièce
Obtînt un succès décisif.

(*Reprise du chœur d'entrée.*)

(*Les Théâtres sortent.*)

SCÈNE III.

LE BON SENS, 1852, LE TEMPS.

1852. Toutes ces pièces sont très-jolies... mais j'aimerais mieux un opéra.

LE TEMPS. Pas national?

LE BON SENS. Ah! te voilà bien, parce que tu as de l'argent, tu dédaignes l'opéra du peuple et pourtant il est digne de ton estime.

Air :

Pour le riche on fit l'Opéra
Ventadour, l'Opéra-Comique,
Et pour le peuple l'on créa
Ce second théâtre lyrique.

Des opéras multiplions
La vogue et qu'elle soit suivie,
Car, dans le temps où nous vivons,
Il faut propager l'harmonie,
On a grand besoin d'harmonie...

1852. C'est égal, je voudrais aller rue Lepelletier...

LE BON SENS. A quoi bon courir jusque-là... si vous voulez, je puis vous en faire voir un ?

1852. Oh! volontiers.

LE BON SENS. Voici le livret.

LE TEMPS. Ah! que le titre est intéressant... les *Égarements d'une botte* ou le *Coup de pied rétrospectif*... grand opéra, paroles un peu de M. Scribe, musique de MM. Meyerbeer, Halévy, Donizetti, dérangée par M. Kriesel, costumes entièrement vieux.

1852. Dites-nous l'intrigue.

LE TEMPS. Attends, ah! voici de quoi il s'agit: un jeune seigneur rempli d'ardeur, aime d'amour extrême Zulma, la fille de don Pèdre... la veille, le jeune homme a été en soirée, et il a joué... une querelle s'est engagée... et dans la bagarre la botte d'un chevalier s'est égarée et notre amoureux a reçu un coup de pied.

1852. O ciel!...

LE TEMPS. Non... O dernière imprudence, loin d'en tirer vengeance, il est rentré chez lui... Les seigneurs indignés de sa poltronnerie sont allés tout raconter à son beau-père... à don Pèdre qui ne veut plus lui donner la main de Zulma.

LE BON SENS. Voilà... maintenant, attention.

SCÈNE IV.

LES MÊMES, SEIGNEURS, DON PÈDRE, LORENTZ, DON ROCHINO.

Air de la *Favorite*.

DON ROCHINO.

Quel excès de bassesse!

LE CHŒUR.

C'est trop fort de café!

DON ROCHINO.

C'est, je vous le confesse,

LE CHŒUR.

Un poltron fieffé!

DON ROCHINO.

Ah! son affaire est bonne!

LE CHŒUR.

Qu'il apprenne aujourd'hui

DON ROCHINO.

Qu'il n'aura plus personne

LE CHŒUR.

Pour jouer avec lui.

DON ROCHINO

Ah! que du moins notre mépris qu'il brave,
A son orgueil vienne mettre une entrave,
Puisqu'il est lâche et qu'il manque de cœur,
Laissons-le seul, avec son déshonneur.

DON PÈDRE.

Mes amis, quel affront, mon cœur est confondu!
Ce coup de pied ne l'avoir pas rendu.

Air de la *Juive*.

Puisqu'il n'a pas tiré vengeance
De cet affront qu'il a subi,
Je vous le déclare d'avance,
Zulma ne peut plus être à lui.

SEIGNEURS.

Non.. non...
C'est un poltron.
Mais il s'avance,
Faisons silence (*bis très-fort.*)

LORENTZ.

Air:

O Zulma! l'idole de mon âme,
Tu vas donc couronner ma flamme.

DON PÈDRE.

Toi, son époux, jamais... jamais...
Je te méprise, et je te hais...

LE CHŒUR.

Oui, oui, oui,
N, i, ni,
C'est fini.

LORENTZ.

C'en est donc fait, tout m'abandonne,
Plus un ami... quoi, plus personne.
(*Il sanglote.*)
Ah! ah! ah!

LE CHŒUR.

Oui, oui, oui,
N, i, ni,
C'est fini.

LORENTZ.

Eh bien! je serai valeureux,
Avant une heure je m'engage
A laver devant vous cet outrage:
Il ne m'en donna qu'un, il en recevra deux...

DON PÈDRE.

Air de *Robert*,

Auras-tu ce courage?

LORENTZ.

Si j'aurai ce courage!
Des chevaliers de ma patrie
L'honneur fut toujours le soutien,
Et dussé-je y perdre la vie
Marchons (*bis*). Je ne crains rien...

TOUS.

Des chevaliers de sa patrie
L'honneur fut toujours le soutien,
Et dût-il y perdre la vie,
Marchons (*bis*). Il ne craint rien!
(*Il sort avec les seigneurs.*)

DON PÈDRE, ZULMA.

(Zulma entre très-tristement sans voir son père et va s'appuyer sur la table.)

DON PÈDRE.

C'est elle, c'est Zulma qui porte ici ses pas,
Comme elle est triste, elle ne m'entend pas!

Air de *Robert*.

Zulma, qui reposez sur cette froide table,
M'entendez-vous?
Chassez, chassez l'ennui qui vous accable
Relevez-vous...

ZULMA, *se jetant dans ses bras*.

Mon père... ah! rendez-moi, rendez-moi mon époux?

DON PÈDRE.

Plus tard...

ZULMA.

Non, je me traîne à vos sacrés genoux.

(Don Pèdre la retient se dégage et sort avec émotion.)

ZULMA.

Air de *Lucie*.

Pour moi quel sort contraire,
Quoi lui-même, mon père,
Comme un coq en colère
Veut m'éloigner de mon bibi...
Boussole de ma vie,
Epoux chéri,
A toi le cœur (*bis*) de ton amie,
A toi tout ce que j'ai,
Bravant mon père et sa furie,
Je ne veux pas qu'on te donne ton congé.
(On entend des fanfares.)

DON PÈDRE, *entrant*.

Il revient!

ZULMA.

Qui, Lorentz?

DON PÈDRE.

Et j'ai lu sur son front
Qu'il avait vengé son affront.

(Les seigneurs entrent avec Lorentz.)

Air de *Robert*.

CHŒUR.

Sonnez, clairons,
Honorez la bannière
Du grand guerrier qui guida nos pas.
Oui, c'est l'amour qui dans la carrière
A dirigé son pied et son bras

LORENTZ.

Air de la *Favorite*.

Ange si pur que dans un songe
J'ai cru trouver pour mon bonheur!...
Ah! ce n'est pas un vain mensonge
Et je suis digne de ton cœur.

DON PÈDRE.

Quel noble cœur... Ah! le chagrin m'accable!
Je t'insultai. Me le pardonnes-tu?
Ah! tu ne me rends pas responsable
D'un dessein que je n'ai point eu...
Nez pointu.

TOUS.

Nez pointu (*trois fois*).

DON PÈDRE, *lui donnant Zulma*.

Elle est à toi.
Que l'hymen vous enchaîne à jamais sous sa loi.

ZULMA ET LORENTZ.

Duo de Robert.

Ah! l'honnête homme,
L'excellent homme,
Mais voyez comme
Je me trompais.
Oui, désormais,
Je lui promets,
Obéissance,
Reconnaissance,
En récompense,
De ses bienfaits.

LORENTZ.

Illustres chevaliers, je vous invite tous;

ZULMA.

Messeigneurs, mes amis, vous dînez avec nous.

DON PÈDRE.

Vous dînez avec nous.

LE CHŒUR.

Nous dînons avec vous...

CHŒUR.

La trompette guerrière
Vient de retentir,
D'une insulte grossière
Il a su le punir!

(Tous sortent.)

SCÈNE V.

LE TEMPS, 1852, LE BON SENS.

LE TEMPS. Ah! c'est superbe... et chanté comme on ne chante pas au grand Opéra.

1852. Et très-moral .: je vote pour que vous leur décerniez le prix...

LE BON SENS. Ne nous hâtons pas... dis-moi plutôt... puisque nous voici à la fin de notre voyage dans Paris, ce que tu décides... Reviens-tu dans l'île des Plaisirs, pour y vivre comme ta mère...

LE TEMPS. Oh! non... moi je désire qu'elle ne te quitte pas...

1852. Ne craignez rien... abandonner le Bon Sens... jamais...

LE BON SENS. Alors venez dans mon empire. (*Le décor change.*)

FIN DU QUINZIÈME TABLEAU.

SEIZIÈME TABLEAU.

Le royaume de Bon Sens.

VAUDEVILLE FINAL.

Air du *Lorgnon*.

Par des chansons,
Par des flonflons,
Que cette année
Soit terminée;
Le vrai plaisir
Est d'applaudir :
Ce plaisir-là peut se saisir.

LE BON SENS.

De l'an qui va disparaître à jamais,
Nous avons vu les plaisirs, les sottises;
Pour en finir, dans nos derniers couplets,
Chantons ce soir ses dernières bêtises.

LE COLLEUR.

De nos cochers les fouets venaient jadis
A nos mollets faire maint' blessure;
Mais aujourd'hui les fouets sont raccourcis;
Au lieu des jamb's, ils attrap' la figure.

LE CARNAVAL EN ÉTÉ.

L' Café de France offre au consommateur,
Livres, romans, drames, vers, diatribe ;
J' demand' l'autr' jour un verre de liqueur,
L' garçon me sert le *Verr' d'eau* d' monsieur Scribe.

LE GÉNIE DU COMMERCE.

Pour que l' pays brill' d'un éclat nouveau,
Pour que la paix en France règne encore,
Rouges, bleus, blancs, n'arborons qu'un drapeau,
Et que ce soit le drapeau tricolore.

DON PÈDRE.

On démolit tout un quartier, je croi,
On démolit maint et maint édifice,
Aussi chaqu' soir, quand je rentre chez moi,
J'ai toujours peur qu'on ne me démolisse.

DON ROCHINO.

Bien que pourtant ça ne soit plus nouveau,
A s' moquer de l'Odéon l'on persiste...
Finissons-en... l'Odéon fut l' berceau
D' plus d'un grand nom, d' plus d'un grand artiste

LE CHAMP-DE-MARS.

Un grand laquais conduisant un cheval
Du prince Eugèn' partout promèn' l'adresse,
Sur le boul'vart on s' dit : — Quel animal !
Mais est-ce bien au cheval qu'on s'adresse.

LE TEMPS.

Aux Invalid's bien des drapeaux, hélas !
Furent brûlés... quels regrets sont les nôtres!
Que l'étranger pourtant, ne s'y fi' pas,
Nous pourrions bien en aller chercher d'autres.

LE BON SENS.

Les Fill's de l'air, chacun put l'observer,
Quoique ce fût un voyage assez rude,
Avec plaisir se faisaient enlever...
C' que c'est pourtant qu' d'en avoir l'habitude.

LE QUADRILLE.

L' Théâtr' Français bien longtemps nous charma.
Mais j'ai grand' peur qu'un autre le dégote;
Car aux Français si l'on voit des Talma...
C'est maintenant, hélas ! en redingote.

LE PREMIER VENT.

J'entends vanter le succès enlevant
Qu'à l'Ambigu vient d'avoir le *Vampire*,
Pendant le Vampir' ! j'ai l'autre jour eu vent,
Qu'on n'entend pas dans la salle un *vent pire*.

LORENTZ.

Sall' Barthél'my; j' te trouve pleine d'appas.
Lumière, écho, chez toi tout doit surprendre,
Jusqu'à l'orchestr' que l' public ne voit pas...
J'aim'rais pourtant bien mieux l' voir que d' l'entendre.

ZULMA.

Anacréon a chanté les amours,
Plus d'un poëte a chanté les batailles...
C'est Béranger qui chanta les beaux jours,
(*Avec une voix forte.*)
Moi, j'aime mieux chanter les basses-tailles.

L'ANNÉE 1852, *au public.*

Ah! puissiez-vous longtemps, par vos bravos,
Dans tout Paris nous faire des réclames,
Et répéter pour charmer nos échos :
Voilà l' plaisir !.. voilà l' plaisir, Mesdames!..

FIN.

LAGNY. — Imprimerie de VIALAT et Cie.

EN VENTE CHEZ LE MEME ÉDITEUR :

- L'Aïeule. 75
- Un Monstre de Femme. 50
- La Jeunesse de Charles Quint. 60
- Le Vicomte de Létorières. 60
- Les Fées de Paris. 60
- Pour mon fils. 60
- Lucienne. 50
- Les jolies Filles de Stilberg. 50
- L'Enfant de Chœur. 50
- Le Grand Palatin. 60
- La Tante mal gardée. 50
- Les Circonstances atténuantes. 50
- La Chasse aux Vautours. 50
- Les Batignollaises. 50
- Une Femme sous les Scellés. 50
- Les Aides de Camp. 50
- Le Mari à l'essai. 50
- Chez un Garçon. 50
- Jaket's-Club. 50
- Mérovée. 60
- Les deux Couronnes. 60
- Au Croissant d'Argent. 50
- Le Château de la Roche-Noire. 50
- Mon illustre Ami. 50
- Talma en congé. 50
- L'Omelette Fantastique. 60
- La Dragonne. 60
- La Sœur de la Reine. 60
- La Vendetta. 60
- Le Poète. 50
- Les Informations Conjugales. 50
- Le Loup dans la Bergerie. 50
- L'Hôtel de Rambouillet. 60
- Les deux Impératrices. 60
- La Caisse d'Épargne. 60
- Thomas le Rageur. 50
- Derrière l'Alcôve. 50
- La Villa Duflot. 50
- Péroline. 50
- La Femme à la Mode. 50
- Les égarements d'une Canne et d'un Parapluie. 60
- Les deux Anes. 50
- Foliquet, coiffeur de Dames. 50
- L'Anneau d'Argent. 50
- Recette contre l'Embonpoint. 60
- Don Pascale. 50
- Mademoiselle Déjazet au Sérail. 50
- Touboulic le Cruel. 50
- Hermance. 60
- Les Canuts. 50
- Entre Ciel et Terre. 50
- La Fille de Figaro. 60
- Métier et Quenouille. 60
- Angélique et Médor. 50
- Loïsa. 60
- Jocrisse en Famille. 60
- L'autre Part du Diable. 50
- La Chasse aux Belles Filles. 60
- La Salle d'Armes. 50
- Une Femme compromise. 60
- Patineau. 50
- Madame Roland. 60
- L'Esclave du Camoëns 50
- Les Réparations. 50
- Mariage du Gamin de Paris. 60
- Veille du Mariage. 50
- Paris bloqué. 60
- Un Ménage Parisien. 1 »
- La Bonbonnière. 50
- Adrien. 50
- Pierre le Millionnaire. 60
- Carlo et Carlin. 60
- Le Moyen le plus sûr. 50
- Le Papillon Jaune et Bleu. 50
- La Polka en province. 60
- Une Séparation. 50
- Le roi Dagobert. 60
- Frère Galfâtre 60
- Nicaise à Paris. 50
- Le Troubadour-Omnibus. 50
- Un Mystère. 60
- Le Billet de faire part. 60
- Pulcinella. 60
- Fiorina. 60
- La Sainte-Cécile. 60
- Follette. 50
- Deux Filles à Marier. 60
- Monseigneur. 60
- A la Belle Etoile. 50
- Un Ange tutélaire. 50
- Un Jour de Liberté. 60
- Wallace. 60
- L'Ecolier d'Oxford. 50
- L'Oiseau du Bocage. 50
- Paris à tous les Diables. 60
- Une Averse. 50
- Madame de Cérigny. 60
- Le Fiacre et le Parapluie. 50
- Morale en action. 50
- Liberté Libertas. 60
- L'Ile du Prince Toutou. 50
- Mimi Pinson. 60
- L'Article 170. 60
- Les Viveurs. 60
- Les deux Pierrots. 60
- Seigneur des Broussailles. 60
- Deux Tambours. 50
- Constant la Girouette. 50
- L'Amour dans tous les Quartiers de Paris. 60
- Madame Bugolin. 50
- Petit Poucet. 60
- Camoëns. 60
- Escadron Volant de la Reine. 60
- Le Lansquenet. 50
- Une Voix. 50
- Agnès Bernau. 60
- Amours de M. et Mme Denis. 60
- Porthos. 60
- La Pêche aux Beaux-Pères. 60
- Révolte des Marmousets. 50
- Le Troisième Mari. 60
- Un premier Souper de Louis XV. 50
- L'Homme et la Mode. 60
- Une Confidence. 60
- Le Ménétrier. 60
- L'Almanach des 25,000 Adresses. 60
- Une Histoire de Voleurs. 50
- Les Murs ont des Oreilles. 60
- L'Enseignement Mutuel. 60
- La Charbonnière. 60
- Le Code des Femmes. 60
- On demande des Professeurs. 50
- Le Pot aux Roses. 60
- La Grande Bourse et les Petites Bourses. 50
- L'Enfant de la Maison. 60
- Riche d'Amour. 60
- La Comtesse de Moranges. 60
- L'Amazone. 50
- La Gloire et le Pot-au-Feu. 60
- Les Pommes de terre malades. 60
- Le Marchand de Marrons. 60
- V'là ce qui vient d' paraître. 60
- La Loi salique. 60
- Nuage au Ciel. 60
- L'Eau et le Feu 50
- Beaugaillard. 50
- Mardi Gras. 60
- Le Retour du Conscrit. 50
- Le Mari perdu. 60
- Dieux de l'Olympe à Paris. 60
- Le Carillon de Saint-Mandé 50
- Geneviève. 60
- Mademoiselle ma Femme. 50
- Mal du Pays. 50
- Mort civilement. 50
- Garde-Malade. 60
- Fruit défendu. 50
- Un Cœur de Grand'Mère. 50
- Nouvelle Clarisse Harlowe. 60
- Place Ventadour. 60
- Nicolas Poulet. 50
- Roch et Luc. 60
- La Protégée sans le savoir. 60
- Une Fille Terrible. 60
- La Planète à Paris. 60
- L'Homme qui se cherche. 60
- Maître Jean. 60
- Ne touchez pas à la Reine. 1 »
- Une année à Paris. 60
- Irène ou le Magnétisme. 60
- Amour et Biberon. 60
- En Carnaval. 50
- Bal et Bastringue. 50
- Un Bouillon d'onze heures. 50
- Cour de Biberack. 60
- D'Aranda. 60
- Une Femme qui se jette par la fenêtre. 60
- Avocat Pédicure. 60
- Trois Paysans. 60
- Chasse aux Jobards. 50
- Mademoiselle Grabutot. 60
- Père d'occasion. 60
- Croquignole. 50
- Henriette et Charlot. 60
- Le chevalier de Saint-Remy. 60
- Malheureux comme un Nègre. 50
- Un Vœu de jeune Fille. 50
- Secours contre l'Incendie. 60
- Chapeau Gris. 60
- Sans Dot. 60
- La Syrène du Luxembourg. 60
- Homme Sanguin. 50
- La Fille obéissante. 50
- Tantale. 50
- Deux Loups de Mer. 50
- O'né.. 60
- La Croisée de Berthe. 50
- La Filleule à Nicot. 50
- Les Charpentiers. 60
- Mademoiselle Faribole. 60
- Un Cheveu Blond. 50
- Les Impressions de Ménage. 50
- L'Homme aux 160 Millions. 60
- Pierrot Posthume. 50
- La Déesse. 60
- Une Existence décolorée. 50
- Elle... ou la Mort! 50
- Didier l'honnête Homme. 60
- L'Enfant de quelqu'un. 60
- Les Chroniques bretonnes. 50
- Haydée ou le Secret. 1 »
- L'Art de ne pas donner d'Etrennes. 50
- Le Puff. 1 »
- La Tireuse de Cartes. 50
- La Nuit de Noël. 1 »
- Christophe le Cordier. 50
- La Rose de Provins. 50
- Les Barricades de 1848. 50
- 34 Francs! ou sinon!... 50
- La Fille du Matelot. 60
- Les deux Pommades. 50
- La Femme blasée. 50
- Les Filles de la Liberté. 50
- Hercule Belhomme. 60
- Don Quichotte. 50
- L'Académicien de Pontoise. 60
- Ah! Enfin! 60
- La Marquise d'Aubray. 60
- Le Gentilhomme campagnard. 60
- Les Peureux. 50
- Le Chevalier de Beauvoisin. 60
- Le Gentilhomme de 1847. 60
- La Rue Quincampoix. 60
- L'Ange de ma Tante. 50
- La République de Platon. 50
- Le Club des Maris. 60
- Oscar XXVIII. 60
- Une Chaîne Anglaise. 60
- Un Petit de la Mobile. 60
- Histoire de rire. 50
- Les vingt sous de Périnette. 50
- Le Serpent de la Paroisse. 50
- Agénor le Dangereux. 50
- Roger Bontemps. 60
- L'Été de la Saint-Martin. 50
- Jeanne la Folle. 1 »
- Les suites d'un Feu d'Artifice. 50
- O Amitié!..... ou les trois Epoques. 60
- La Propriété, c'est le Vol. 60
- La Poule aux Œufs d'Or. 60
- Elevés ensemble. 50
- L'Hôtellerie de Genève. 60
- A bas la Famille ou les Banquets. 50
- Daniel. 1 »
- Le Voyage de Nannette. 50
- Titine à la Cour. 60
- Le baron de Castel-Sarrazin. 50
- Madame Marneffe. 60
- Un Gendre aux Épinards. 60
- Madame veuve Larifla. 60
- La Reine d'Yvetot. 50
- Les Manchettes d'un Vilain. 60
- Le Duel aux Mauviettes. 50
- Les Filles du Docteur. 60
- Un Turc pris dans une porte. 50
- Les Grenouilles qui demandent un Roi. 50
- Ce qui manque aux Grisettes. 60
- La Poésie des Amours et... 60
- Les Viveurs de la Maison-d'Or. 60
- Un Troupier dans les Confitures. 60
- Ma Tabatière. 60
- Gracioso. 60
- E. H. 60
- Trompe-la-Balle. 50
- Un Vendredi. 60
- Le Gibier du Roi. 50
- Breda-Street. 60
- Adrienne Lecouvreur. 1 »
- Sans le Vouloir. 50
- Les Femmes saucialistes. 60
- Le Mobilier de Bamboche. 50
- Les Beautés de la Cour. 60
- La Famille. 60
- L'hurluberlu. 50
- Un Cheveu pour deux têtes. 60
- L'Ane à Baptiste. 60
- Les Prodigalités de Bernerette. 50
- Les Bourgeois des Métiers. 60
- La Graine de Mousquetaires. 60
- Les Faubourgs de Paris. 60
- La Montagne qui accouche. 50
- Le Juif-Errant. 60
- Adrienne de Carotteville. 50
- Un Socialiste en Province. 50
- Le Marin de la Garde. 50
- Une Femme qui a une Jambe de bois. 50
- Mauricette. 60
- Une Semaine à Londres. 60
- Le Cauchemar de son propriétaire. 50
- Le Marquis de Carabas. 60
- La Ligue des Amants. 60
- Les Sept Billets. 60
- Passe-temps de Duchesse. 60
- Les Cascades de Saint-Cloud. 60
- Lorettes et Aristos. 60
- Les Compatriotes. 50
- Un Tigre du Bengal. 60
- Le Congrès de la Paix. 50
- Les Représentants en vacances. 60
- Les Grands Ecoliers en vacances. 60
- Un Intérieur comme il y en a tant! 50
- Le Moulin Joli. 50
- La Rue de l'Homme armé. 60
- La Fée aux Roses. 1 »
- Babet. 60
- Un Lièvre en sevrage. 60
- Evelyne. 50
- Trumeau. 50
- Mademoiselle Carillon. 50
- L'Héritier du Czar. 60
- Rhum. 60
- Les Associés. 50
- Les Fredaines de Troussard. 50
- Les Partageux. 50
- Daphnis et Chloé. 60
- Malbranchu. 60
- La fin d'une République. 60
- La Croix de Saint-Jacques. 60
- Paris sans Impôts. 60
- Un Quinze-Vingt. 50
- Les Gardes Françaises. 50
- Les Vignes du Seigneur. 50
- La Perle des Servantes. 60
- Un Ami malheureux. 60
- Un de perdu, une de retrouvée. 50
- La République des Lettres. 50
- Figaro en prison. 50
- La Dame de Trèfle. 60
- Le Ver luisant. 60
- Les Secrets du Diable. 60
- Deux vieux Papillons. 60
- La Mariée de Poissy. 50
- L'Homme aux Souris. 50
- Le Baiser de l'Etrier. 50
- Planète et Satellites. 60
- Héloïse et Abailard. 60
- Une Veuve inconsolable. 60
- A la Bastille. 60
- Jean Bart. 60
- Les Pupilles de dame Charlotte. 50
- Le Jour de Charité. 50
- Un Fantôme. 50
- Les Nains du Roi. 50
- Les trois Racan. 50
- Les Sociétés secrètes. 60
- Le Chevalier de Servigny. 50
- C'en était un. 60
- Les trois Doudou. 50
- Giralda. 1 »
- La première chanson de Gallet. 50
- Méphistophélès. 60
- L'Alchimiste. 50
- Le père Nourricier. 60
- Grassot embêté par Ravel. 60
- La Société du Doigt dans l'Œil. 50
- L'Hôtesse de Saint-Eloy. 60
- La Fille bien gardée. 60
- Le Jour et la Nuit. 60
- Plaisir et Charité. 60
- Marié au second Garçon au cinquième. 60
- Un Bal en robe de chambre. [illegible]
- Né Coiffé. [illegible]
- Le Ménage de Rigolette. [illegible]
- Le Pont Cassé [illegible]
- Un Valet sans Livrée. [illegible]
- Le Paysan. 60
- Charles le Téméraire. 50
- L'Anneau de Salomon. 50

SUITE DU CATALOGUE.

Titre	Prix
Supplice de Tantale.	60
Les Infidélités Conjugales.	50
Les Petits Moyens.	60
Les Escargots sympathiques.	50
La Grenouille du Régiment.	50
Les Tentations d'Antoinette.	60
La baronne Bergamotte.	60
Les Extases de M. Hochenez.	60
Le Journal pour rire.	60
Le Renard et les Raisins.	50
La Belle au Bois dormant.	60
La Course aux Pommes d'Or.	50
Christian et Marguerite.	60
L'Avocat Loubet.	60
Royal-Tambour.	50
Mam'zelle fait ses dents.	60
Le vol à la Roulade.	60
La Fée Cocotte.	60
Mon ami Babolin.	60
Le Palais de Cristal.	60
Passiflor et Cactus.	50
Le Duel au Baiser.	60
Les Trois Ages des Variétés.	60
English Exhibition.	60
Blondette.	60
Histoire d'une Rose et d'un Croquemort.	60
L'Agent secret.	60
Drinn-Drinn.	60
Une Paire de Pères.	60
Les Giboulées.	50
Un Monsieur qui n'a pas d'habit.	60
Mignon.	60
La Chasse aux Grisettes.	60

LAGNY. — Imprimerie de Vialat et Cie

www.ingramcontent.com/pod-product-compliance
Ingram Content Group UK Ltd.
Pitfield, Milton Keynes, MK11 3LW, UK
UKHW022001260726
13994UKWH00004B/1889